AF410768

Alejandro Rodríguez Díaz

CAMBIO DE RUMBO

LOS 1O PASOS ESENCIALES QUE CONECTARÁN CON TU FUERZA INTERIOR PARA DEJAR LAS DEPENDENCIAS ADICTIVAS.

CAMBIO DE RUMBO

Autoedición: Alejandro Rodríguez Díaz

www.alejandrorodriguezdiaz.com

info@alejandrorodriguezdiaz.com

1ª Edición: febrero 2021

ISBN: 978-84-09-27372-0

Depósito legal N.º de expediente: Ma-1-21

Nota a los lectores: Esta publicación contiene las opiniones e ideas de su autor. Su intención es ofrecer material útil e informativo sobre el tema tratado. Las estrategias señaladas en este libro pueden no ser apropiadas para todos los individuos y no se garantiza que produzca ningún resultado en particular. Este libro se vende bajo el supuesto de que ni el autor ni el editor, ni la imprenta se dedican a prestar asesoría o servicios profesionales legales, financieros, de contaduría, psicología u otros. El lector deberá consultar a un profesional capacitado antes de adoptar las sugerencias de este libro o sacar conclusiones de él. No se da ninguna garantía respecto a la precisión o integridad de la información o referencias incluidas aquí, y tanto el autor como el editor y la imprenta y todas las partes implicadas en el diseño de portada y distribución, niegan específicamente cualquier responsabilidad por obligaciones, perdidas o riesgos, personales o de otro tipo, en que se incurra como consecuencia, directa o indirecta, del uso y aplicación de cualquier contenido del libro.

Dedicado a mis padres de los cuales aprendí la mayor de las enseñanzas que hoy tengo y quiero compartir.

A ti mamá gracias por haberme dado la vida y ese amor incondicional que jamás había experimentado. Por esa dedicación incansable, por tu entusiasmo y el optimismo que siempre intentabas transmitir a pesar de las circunstancias adversas.

A ti papá por tu perseverancia y capacidad de perseguir la libertad personal independientemente de lo que ocurriera.

Os llevo en mi corazón siempre.

Desde aquí quiero haceros llegar mi sueño y honrar vuestras vidas.

"La mejor prueba de que algo puede hacerse es que
antes alguien ya lo hizo"

Bertrand Russell

ÍNDICE

Agradecimientos

A mi esposa e hijos, por su constancia y apoyo en los momentos más complicados.

A mis formadores de Coaching por hacerme ver otras perspectivas de vida y confiar en mis proyectos.

A mi Mentora Mónica Moyano por estar apoyándome en mi proyecto hasta hacerlo realidad.

A Laín García Calvo, por llegar en el momento más complicado de mi vida y hacerme ver que se puede cambiar de rumbo cambiando tu forma de pensar.

Gracias a todos por confiar en mí.

PRÓLOGO

Tienes ante ti un relato de reinvención personal, una descripción sincera que entraña una poderosa historia de transformación, de esas que inspiran y que te demuestran que es posible lograr lo que nos propongamos, a pesar de las circunstancias.

Puedo decir que he sido partícipe en una pequeña parte de esta transformación y si algo puedo asegurar es que este libro está escrito desde el corazón y con un profundo deseo de ayudar al mayor número de personas y de plantar una hermosa semilla para crear un mundo mejor.

Su autor, Alejandro, no es de esas personas que explican una historia pero que en realidad piensan y hacen lo contrario a lo que dicen.

Alejandro es sinónimo de coherencia, de fuerza, de actitud, de perseverancia. Y sí, toca decir bien alto que es un buen modelo para seguir por todo lo que ha logrado y porque en todo momento predica con su ejemplo.

Por eso estoy en situación de confirmar que el relato que leerás a lo largo de las próximas páginas está repleto de amor, pasión e ilusión, pero también de dolor y sufrimiento, eso sí, superado con éxito gracias a una enorme dosis de valentía.

¿Por qué? Porque no todo el mundo está dispuesto a dar un vuelco a su vida y a sacrificarse cueste lo que cueste para llegar a ser la persona que verdaderamente vino a ser.

Por desgracia muchas personas se quedan a mitad del proceso y abandonan el camino del crecimiento personal y del progreso escogiendo quedarse en su zona de confort, en el más absoluto de los estancamientos y llenando sus días y su vida de una triste apatía.

No todo el mundo está dispuesto a cambiar el rumbo de su vida, a pasar de la oscuridad a la luz, a pagar el precio que implica convertirse en la persona que anhelas ser.

Todos sin excepción arrastramos nuestra propia historia y con ella nuestro propio drama personal, sea cual sea. Y son precisamente esos dramas personales los que nos pueden llevar a vivir en la más oscura de las tinieblas o pueden convertirse en un gran revulsivo que nos empuje a cambiar nuestra vida con total determinación y sin excusas.

Por eso las crisis llevan implícitas grandes cambios. Precisamente cuando el dolor por permanecer donde estás se hace Infinitamente mayor al dolor que conlleva cambiar.

Una metamorfosis de este tipo no sucede de la noche a la mañana y sin esfuerzo. Para superar con éxito un proceso de este tipo es necesario hacer un importante clic mental y por supuesto, poner toda la carne en el asador.

No es un trayecto fácil pero tampoco es imposible, sobre todo cuando el deseo por cambiar las cosas es tan honesto e inmenso que no hay otra alternativa que pasar a la acción, a pesar de las piedras que puedan aparecer por el camino.

De hecho, este libro es una muestra de ello y la prueba fehaciente de que, a pesar de las adversidades, cuando decides hacer caso a tu corazón y estás dispuesto a pagar el precio de ese cambio, ocurren cosas increíbles en nuestras vidas, manifestamos lo que deseamos y las sincronicidades no dejan de suceder.

En definitiva, un libro lleno de grandes lecciones donde su autor invita a transitar de su mano el camino de la transformación, mostrándonos cada uno de los pasos, y donde nos acompaña para que podamos elevar nuestra consciencia a través de su propia historia de superación, sus aprendizajes de vida y todo su conocimiento y experiencia como Coach y Mentor.

Mónica Moyano
Consultora Estratégica de Negocios Digitales
www.monicamoyano.com

Hola, mi nombre es Alejandro Rodríguez y te voy a contar una breve historia sobre mí y los motivos que me han hecho llegar hasta aquí.

En principio quería hablarte querido lector de la importancia que le doy a escucharnos a nosotros mismos y de tener el valor de hacer lo que nuestra voz interior nos dicta.

La vida que me tocó vivir en mi infancia no fue un camino de rosas, como a muchas otras personas, me ha tocado vivir situaciones muy complicadas desde mi infancia.

A pesar de todas las dificultades que he experimentado y soportado, mi consciencia interior siempre ha sido optimista y me ha llevado a dar la vuelta o a sacar la parte positiva a todo lo que me sucedía, ese es mi gran propósito de vida.

He sido un niño que ha sentido el calor de una madre y el amor de esta por encima de todas las cosas, también mi padre me quería, pero no lo demostraba de la misma forma, me refiero mucho a mi infancia porque para mí fue fundamental esta etapa de mi vida.

Me he criado con una familia muy humilde y mis padres lo hicieron lo mejor que pudieron con los conocimientos que tenían en ese momento, nunca les reprocharé nada.

Voy a empezar a describir mi historia. De pequeño siempre he sido un niño muy introvertido, vergonzoso, tímido, aunque era muy obediente y me gustaba siempre buscar la mejora y el progreso.

En el colegio me fue bien, no era mal estudiante ni un genio tampoco, pero entraba en el pelotón de los buenos. Sí que me gustaba mucho competir en los deportes y destacar en ello.

Ahora me doy cuenta de que ese era uno de mis dones naturales, que no es otro que llevar al máximo nivel de sus posibilidades a personas y grupos sacándoles su máximo potencial.

Y es en esa etapa de la adolescencia donde comienza a desviarse muy poco a poco el sentido del propósito de mi vida, de mi sentir, como yo le llamo.

Como bien he descrito anteriormente, siempre me ha gustado el éxito y el progreso, superarme para llegar lejos.

En la etapa que me tocó vivir no pude expresar todo mi potencial interior y fui reprimiéndolo, lo haces, sin darte cuenta las consecuencias que eso tendrá a largo plazo.

Empecé a adaptarme a lo que socialmente estaba bien mirado y se esperaba de una persona en aquella época.

Me dediqué a estudiar lo que se consideraba que podría tener futuro, sin tener que invertir en ello ya que no había dinero para hacerlo, quiero decir sin pasar por la Universidad.

Ese fue uno de los mayores errores que cometí, trabajar en algo por mandato social y que hoy ha quedado obsoleto. Aun así, no me culpo por ello pues en esa época no teníamos ni la mitad de la información que hoy está a nuestro alcance con un solo clic.

Lo que me gustaría comunicarte que todo eso que reprimí en la infancia, fuese por los motivos que fuese, tuvo después en la edad adulta consecuencias graves.

Siempre miraba mucho de ayudar a los demás quizás de forma exagerada y en una época de mi vida un poco despreocupada me deje arrastrar por el mundo de las adicciones, queriendo saber qué sentían las personas de mi alrededor cuando se dejaban llevar por ellas, y la curiosidad mató al gato, eso dice el refrán, y que razón tiene, pues eso es lo que me sucedió a mí.

Desde entonces mi vida se fue desviando de su propósito real, aunque la vida es muy sabia y siempre te va poniendo en situaciones para que despiertes del letargo.

No es fácil verlo en momentos de desesperación y en mi caso repetí el error una y otra vez, hasta que viví una situación límite que me hizo despertar del letargo en el que estaba inmerso.

Ese clic mental me llegó por una experiencia límite. La vida me iba repitiendo situaciones desagradables para que pudiera aprender la lección, pero yo no quería aprender nada, me negaba, y cada vez iba viviendo situaciones parecidas pero cada vez de mayor intensidad, hasta tal punto que tuve una experiencia fuera de lo común, lo que yo llamo experiencia cercana a la muerte, que, en mi caso hizo de mí otra persona.

Estuve unos veinte segundos fuera de mi cuerpo y sentí una paz indescriptible, cuando volví era otra persona. En ese momento no te das cuenta, pero cuando pasan unos días ya notas que eres nuevamente tú, el que siempre tuviste que ser.

De un plumazo desaparecieron todas las conductas adictivas, pensamientos impulsivos, como si nunca hubiesen tenido nada que ver conmigo, para mí un milagro.

Desde ese momento mi vida empezó a cambiar radicalmente, empezaron a surgir sincronicidades para que un cambio radical tuviera lugar y fuese capaz de ver y percibir las cosas.

Una reinvención total de pensamientos y acciones, atrás quedaron personas muy tóxicas en mi vida y otras nuevas vinieron. Entonces empecé a interesarme por el mundo del Coaching, un cambio radical de vida.

En esa época renací, no podía creer todo lo que me estaba dando la vida, me sentía pleno, feliz, lleno de vitalidad y energía. Recuperaba las ganas de vivir, y volvieron a surgir muchas sincronicidades hasta llevarme a este punto, donde por fin estoy realizando uno de mis sueños, que justo es el de ser Escritor, Conferenciante y Coach.

Desde muy joven siempre me visualizaba escribiendo un libro, lo de Conferenciante y Coach vino después, pasado un tiempo.

Pero este camino de reinvención y crecimiento personal en el que aún estoy sumergido no es un camino de rosas. Es un camino donde tienes que soportar que muchas personas que creías buenos amigos te dan de lado. Cómo otros no te apoyan, muchos familiares no entienden ese cambio, sin embargo, he tenido y sigo superando todos los obstáculos, porque siento un deseo ardiente y un llamado a cumplir en mi vida.

Se puede decir que todo ello es superior a uno mismo, no puedo continuar dejando sonar mi música dentro, ya que casi me mató el no expresarme como yo quería. Sincronizar mis valores y tomar la decisión de que lo que digo, lo que pienso y lo que hago, vayan en una misma dirección.

Cuando cambias tu vibración y sientes las creencias arraigadas que tienen antiguos compañeros del trabajo o personas que ahora no están en tu misma frecuencia, es entonces cuando te das cuenta de verdadera máscara. Ves la falsedad, la envidia aparecer frente a ti. Eso a ti ya no te afecta, pero sigue siendo duro frecuentar ese camino hasta que realizas el cambio completo.

Todas estas situaciones tan difíciles y desagradables están ahí por algo, son lecciones que la vida te trae para que aprendas y una vez lo consigas te pondrá en una situación diferente.

Doy gracias a todos esos desprecios, a esas calumnias y envidias, a esos hipócritas, no saben el favor que me han hecho, pues sin vivir esas situaciones ahora mismo no estaría escribiendo y tú querido lector no podrías leer estas letras que espero aporten valor a tu vida.

Ahora que ya sabes un poco sobre mi vida, te voy a explicar para qué he decidido escribir este libro.

En principio creo que es fundamental aportar conocimientos junto con experiencias vividas, para que la persona que se identifique con una situación parecida sepa cómo salir de ahí y tenga la seguridad de que se puede.

Deseo aportar luz y esperanza a personas que en estos momentos no ven nada claro y no saben cómo salir de una situación en la que se encuentran emocionalmente afectadas.

Mi propósito en esta vida es ayudar al máximo número de personas a dejar sus adicciones y también a personas afectadas emocionalmente, aunque no sean adictas y poder llegar a cualquier rincón del mundo donde se encuentren, desde el online ofreciendo mis servicios, a través de mi web y ahora a través de mi libro.

Me he dado cuenta de que la mayoría de las personas que lo están pasando mal emocionalmente no tienen un propósito claro de vida, un para qué que les dé sentido a sus vidas, a su día a día. Viven en piloto automático, metidos en una sociedad cada vez más enferma y que enferma a más gente, con trabajos cada vez más mediocres y con pocas expectativas de futuro, sobre todo para los más jóvenes.

Se están perdiendo los valores y la gran mayoría de las personas no saben ni conocen el gran potencial que tienen dentro, viven una vida mediocre, que no les gusta y adaptados a una sociedad que no les aporta nada, así hay cada vez más gente con depresión y con niveles de estrés máximos.

Deseo con este libro aportar luz a las personas que hayan llegado a él, nada es casualidad en esta vida si no causalidad.

Quiero decirte que puedes salir de esa situación en la que te encuentras, ya sean adicciones o situaciones de otro tipo que afectan a tus emociones y te bloquean, no dejándote vivir con plenitud e intensamente.

En este libro quiero darte a conocer, aparte de mi experiencia personal, todos los conocimientos adquiridos en mis formaciones con herramientas de Coaching, Dinámicas de Grupo y mucho material que me consta, ha ayudado a muchísimas personas y espero que lo consiga contigo también.

Decirte que esto es un libro, para leer, es decir letras escritas en papel y tinta y que nada de lo que leas aquí te va a suponer ningún cambio si no llevas a la práctica y haces de ello un hábito nuevo, que te llevará vivir de una nueva forma.

Espero que disfrutes de esta lectura y que te inspire para cambiar el rumbo, donde no encuentres tanta tempestad y fuerte oleaje.

Cambia de rumbo y sé la persona que siempre tuviste que ser.

Tu transformación empieza ahora.

Alejandro Rodríguez Díaz

INTRODUCCIÓN

Todas las personas en alguna ocasión de sus vidas han atravesado alguna crisis existencial, de esas que te hacen replantear la vida y decidir qué rumbo coger, te das cuenta de que, de seguir así, tu vida irá de mal en peor y que es imprescindible cambiar de rumbo.

En este libro escrito desde el corazón, desde mis sentimientos más puros y reales, te cuento cómo el no hacer caso de lo que sientes y atreverte a seguir tus instintos más puros y profundos, te traerá a la larga consecuencias que se pueden transmitir en el mundo material (en tu vida del día a día).

Estamos todos destinados a hacer algo con lo que disfrutemos y algo que nos haga sentir plenos y felices, es nuestro fin real y la esencia de esta vida.

Los estigmas sociales, las creencias que llevamos integradas desde la infancia de nuestros padres, abuelos, tutores, maestros, y todas las vivencias de nuestros primeros años de vida, se quedan grabadas a fuego y nos limitan en la edad adulta.

El seguir unas directrices que son las que están bien vistas socialmente, por la familia, amigos, etc., en muchas ocasiones no concuerdan con nuestra esencia, con lo que creemos que somos y sentimos. Eso hace que desarrollemos actitudes que son bien vistas para así ser aceptados.

Lo que acabamos haciendo es negarnos a nosotros el poder ser lo que realmente somos y el hacer lo queremos con nuestra vida. Estas actitudes que dejamos encerradas en nuestro interior, a lo largo del tiempo hacen que, sin apenas darnos cuenta, sintamos un inmenso vacío y busquemos cualquier cosa para llenarlo.

Ese vacío interior, es lo que yo llamo el dolor espiritual, un dolor que se siente en lo más profundo de tu ser, es un dolor emocional y que te hace ser una persona que realmente no está de acuerdo con lo que vive.

Su vida ha sido guiada y reconducida externamente y el sentir interno y verdadero quiere salir y expresarse, pero no sabe cómo hacerlo, siente que está programada para hacer eso que siempre ha conocido y que le han enseñado que es lo correcto.

Así empiezan la mayoría de las adicciones, dependencias emocionales, codependencias etc...

Sin darnos cuenta ignoramos durante años nuestros sentimientos verdaderos, los dejamos pasar y les restamos importancia, después se manifiestan.

Si es en forma de adicciones, lo hacemos para desconectarnos de un sentimiento de culpa que sentimos por el hecho de no seguir nuestros instintos y de no tener el valor de enfrentarlos y darles la vuelta. Creemos que ya no podemos, que es demasiado tarde, es entonces donde buscamos una forma de satisfacción inmediata, una satisfacción que no encontramos en nuestra vida de ninguna otra manera.

Igual sucede con todo tipo de dependencias y codependencias, lastiman nuestra estima personal y damos por hecho que no podremos hacer nada más que asumir lo que nos ha tocado vivir.

En este libro te cuento la parte más dura y difícil de mi vida y al mismo tiempo la transformación personal que jamás pensaba que podría conseguir.

Son pasos esenciales que, para mí, son la base de toda transformación personal e interior, con resultados comprobados y perdurables en el tiempo. Son cambios de consciencia desde la raíz que los causó y por tanto no son cambios únicamente externos que después puedan volver a brotar.

Te encontrarás en esta lectura, cómo hice para pasar de un estado de conciencia muy pesimista y negativo, a otro estado donde lo primero fue reconocer y aceptar todo lo vivido y saber que todo tiene un propósito en tu vida.

Llegué a un despertar espiritual y material, encontrando el sentido verdadero a mi vida y por eso deseo hacer que las máximas personas posibles que quieran realizar un **CAMBIO DE RUMBO** puedan ser inspiradas y acompañadas por estos diez pasos esenciales.

PASO 1

Capítulo 1

SENTIMIENTO INTERIOR

Quiero empezar hablando del sentimiento interior que vas a sentir cuando decidas hacer un cambio de rumbo en tu vida. Es un sentimiento de rendición, de inspiración, de desapego, de un todo y un nada al mismo tiempo.

Empiezas a apreciar la vida en el momento presente, le das valor a lo intangible, a lo hasta ahora nunca experimentado. El tiempo empieza a tener más importancia, el respirar, el estar vivo, el sentir; en definitiva, todo lo que no se puede ver y tocar pasa a un primer plano.

Cuando yo desperté de mi letargo, empecé a sentir algo muy especial que no se puede describir. Supe con certeza que a partir de ese mismo momento nada iba a ser lo mismo. Experimenté una renovación interior y una nueva energía.

Reconocí que mi vida había cambiado en ese mismo momento, no sabes qué ha sucedido, ni cómo, pero tienes la certeza de que todo será diferente y tú también.

Es un auténtico milagro, pero sucede, y en mi caso ocurrió cuando yo ya no sabía que más hacer, cuando perdí el sentido por completo, cuando experimenté la rendición total y me abandoné hasta el punto de vivir un fenómeno paranormal, una experiencia cercana a la muerte.

Cuando uno vive esa situación y la vida le da otra oportunidad, comprendes el verdadero sentido de estar aquí, el verdadero valor de la vida.

Sabes que has venido a este mundo a dar, a compartir algo, es como si la vida quisiera reconducirte a ser la persona que siempre tuviste que ser. Te dice: ya está bien ¡DESPIERTA!, y justo en ese momento nace otra persona dentro de ti.

En realidad, no nace otra persona, sino que mueren las creencias limitantes y las barreras que impedían que fueses tú mismo.

Quiero hablaros mucho en este capítulo de la importancia que tiene lo intangible. En el fondo todos sabemos que, en algún momento de nuestra vida, algo fuera de lo común, algo que no podemos comprender, que forma parte de nuestra existencia y que es energía en movimiento, puede manifestarse con claridad.

Esta energía y esa parte inexplicable tienen más importancia de la que les damos, de esto no se habla en ninguna parte, no te lo enseñan ni en los colegios ni en ningún otro lugar.

Sin embargo, todo lo que manifestamos fuera viene de una creencia interior que das por cierta. Somos como una máquina capacitada para que lo que sentimos por dentro lo podamos manifestar fuera.

Lo que sucede es que no creemos que esto sea así y no lo utilizamos a nuestro favor. Puede que lo creas o no, lo importante no es lo que yo diga, si no que compruebes tú mismo que eso es real. Hoy en día está comprobado científicamente que es cierto.

Lo que realmente quiero transmitirte es que cuando prestamos atención a nuestro interior y creemos con firmeza en lo que sentimos lo vamos a manifestar.

Todos en algún momento de nuestra vida hemos experimentado algún sentimiento interior, hemos confiado en él plenamente y lo hemos visto realizado, incluso con mayor expectativa de lo que creíamos.

Hay muchos factores no permiten que esto sea posible, pero se pueden modificar.

La mayoría de las veces nos dejamos influenciar por nuestro entorno, creemos firmemente en lo que percibimos con los cinco sentidos y de eso hacemos una creencia.

De esta forma y sin lugar a duda, lo seguiremos manifestando una y otra vez.

No es nada fácil salir de este estado de creencias, ya que es el que conocemos desde nuestro nacimiento y el que hemos heredado generación tras generación, pero si estás leyendo este libro es porque te has sentido atraído por algo que te impulsa a dar un cambio en tu vida, un giro total.

Existe algo en tu interior que te dice, ¡basta ya!, esto no es lo que has venido a hacer, necesitas un cambio de rumbo.

Te puedo asegurar, que debemos hacer un trabajo interior con nosotros mismos. Si empezamos a creer en nuestros proyectos e ilusiones, con fuerza, con intención, con compromiso total, con la convicción de que, aunque no lo percibamos con los cinco sentidos, eso se va a manifestar y a eso le podremos llamar fe absoluta.

La fe absoluta no es otra cosa que la convicción de que lo que no se ve, pero se siente, no tendrá más remedio que manifestarse.

Es de vital importancia, escucharnos, en esos momentos de conexión que tengamos. Aunque la gran mayoría de las personas no presten atención a ese sentir interior, en algún momento de su vida lo han hecho y es fundamental que, si hasta ahora no prestabas atención a esa escucha interna, a tu esencia guiándote, lo empieces a hacer y verás resultados sorprendentes en tu vida.

La vida es constante energía en movimiento y todos tenemos esa energía en nuestro interior, así que mantengámosla radiante y en muy alta vibración, pues como te sientas dentro lo verás manifestado fuera. Por tanto, debes ser consciente siempre de esa energía para que se manifieste en nuestro día a día.

Es muy normal, que algunas veces, nuestra mente nos coaccione y entremos en un plano mental no muy optimista, todas esas emociones son normales puesto que somos vida espiritual en un cuerpo físico y no un cuerpo físico con una vida espiritual.

Todos sentimos miedos y dudas en algunos momentos de la vida, es normal como seres humanos, pero debemos saber que la vida es cíclica, y que nada es permanente.

El trabajo en nuestro crecimiento debe ser continuo, la lectura ayuda mucho a crecer, aunque estemos en un mundo digitalizado y cada vez salgan más aplicaciones para facilitarlo todo, las personas que optan por su crecimiento continuo son ávidos lectores. La lectura siempre ha formado parte del crecimiento personal, y a mí particularmente siempre me ha gustado leer desde pequeño, creo que formarse continuamente es el motor de la vida interna espiritual y que es importante mantenerla viva, ya que esta se va a manifestar en el plano externo.

El sentimiento interior que albergamos es muy distinto a lo que nuestra mente racional nos dice, es más fácil reconocer como cierto lo que percibimos con los cinco sentidos para que nuestra mente egóica pueda asegurarnos que es verdad.

Cuando aprendemos a conectar con nuestro sentir interior y percibimos la esencia que todos somos y que nos produce calma y paz, es cuando realmente podemos estar en equilibrio con la Fuente Divina creadora que todo lo puede y que no tiene límites en su manifestación.

No todo el mundo está dispuesto a cambiar el rumbo de su vida, aunque sientan que sí, que les ha llegado el momento. Cuando se dan cuenta del esfuerzo que hay que realizar para conseguir la transformación, para pulir todas las creencias y emociones y que conlleva pasar por muchos momentos de soledad, es entonces cuando la mayoría de las personas no están dispuestas a pagar ese precio.

Muchos están muy cerca de alcanzar sus sueños, y se rinden cuando casi los están tocando. El cambio es un llamado interno, que sucede en algún momento de tu vida, normalmente en la mayoría de los casos aparece después de una gran crisis existencial.

Es ahí donde la mente ya no te puede sabotear más, donde se consigue hacer ese clic mental y sucede que el hecho de seguir como hasta ese momento, es mucho más doloroso que el cambio que puedes realizar, tu mente inconsciente te dirige siempre hacia el lado opuesto.

Todos poseemos un enorme poder interior del cual utilizamos una mínima parte, es fundamental reconocer ese poder y confiar en nuestro sentir, en nuestra fe interior y mantenerlo a pesar de todos los inconvenientes que surjan. Saber que van a aparecer muchos desafíos a los que enfrentarse y que habrá cambios que en un momento dado te hagan dudar de ti mismo, es ahí donde vamos superando poco a poco cada desafío y realizamos ese cambio de rumbo. Cada momento superado es un peldaño más hacia tu crecimiento personal.

> *"La mente que se abre a una nueva idea jamás volverá a su tamaño original".*
>
> *- Albert Einstein*

Hay momentos en el camino del crecimiento personal, que parece que se haya detenido el tiempo, momentos en los que trabajamos intensamente y no vemos ningún avance; pero sí que estamos avanzando, lo que sucede es que los nuevos hábitos deben integrarse como una parte más en tu vida y nunca hay que esperar un resultado inmediato, hay que disfrutar del camino, que se convierte en un aprendizaje donde asimilar nuevas formas de expresar, de comprender, de escuchar, de actuar, de interpretar.

Es una transformación y debes amar el proceso a pesar de las múltiples dificultades que puedan aparecer.

Quiero mencionar en este capítulo el tema de la imaginación como parte de ese sentir interior. La imaginación juega un papel fundamental a la hora de manifestar nuestros deseos más internos.

En el punto de calma y reconexión con nuestro interior donde vemos o imaginamos con sentimiento profundo los mayores anhelos de nuestra alma, es ahí donde se produce una reprogramación inconsciente, que sin duda alguna manifestará lo que sentimos en mayor o menor tiempo.

Tu mente inconsciente reprogramada buscará la forma de conducirte a obtener esos resultados, empezarán a suceder sincronicidades relacionadas con tus anhelos, y verás como poco a poco todo se va organizando hacia ese nuevo llamado.

Lo importante es que cuando imaginemos lo hagamos con gran intensidad y un gran sentimiento interior, eso no es nada fácil en los tiempos que vivimos, ya que la vida tecnológica, nuestra ansia por conseguir, el estar ocupados todo el tiempo, el estrés que eso nos produce, etc.... no ayudan a conectarnos con ese sentimiento.

La mayoría de las veces lo hacemos desde una negación interna o desde un deseo externo, por eso la mayoría de las ocasiones no conseguimos los resultados que queremos. Debemos hacer de la meditación y los paseos relajantes por la naturaleza un hábito, es un gran paso para fortalecernos a la hora de imaginar y poner ese sentimiento interno a funcionar a nuestro favor.

"Todo lo visible puede ser considerado como el efecto, en un nivel más bajo de significado, de un orden invisible más alto de significado".

- Neville Goddard

Esta frase, (para mí), es de uno de los mejores escritores místicos, que define la visualización. Está basada prácticamente en un principio claro que se utiliza mucho en el Coaching, que no es otro que: SER+HACER=TENER.

La mayoría de las personas se enfocan en tener, para hacer y por último ser, y está claro que no obtendrán el resultado deseado.

Está es una ley como la ley de la gravedad, aunque no creas en ella, actúa igual para todos y en todos los lugares.

Nos creemos separados de nuestro poder y de esa manera no conseguiremos ser quien somos realmente, solo desarrollando nuestro poder interno, llegaremos a nuestro auténtico ser.

El conectar con nuestra Fuente Divina creadora, como a mí me gusta llamarla, es conectar con nuestro sentir y con lo que hemos venido a hacer en este mundo. Dar las gracias por todo lo que tenemos es un poder inmenso que si lo practicamos habitualmente también nos traerá muchos beneficios.

Todos estos principios que describo son los que yo he aprendido de distintos autores y mentores del crecimiento personal y que he puesto en práctica con un resultado excelente.

Como ya he contado en alguna ocasión pasé por una experiencia sobrenatural que duró pocos segundos, pero que marcó mi vida de una forma muy potente.

Fue una experiencia jamás experimentada en la noche más oscura de mi alma, salí de mi cuerpo hacia un lugar lleno de paz y gozo, que duró poco segundos, volví llorando como un niño que acaba de nacer y todas las actitudes y hábitos nocivos que tenía hasta ese momento desaparecieron como si nunca los hubiese mantenido.

A partir de ahí, sucedieron un montón de sincronicidades que siguen hasta el día de hoy.

Lanzo una pregunta al aire:

- ¿Qué tiene que ocurrir en la mente de una persona para que, de querer desparecer de este plano, pase a vivir una vida llena de energía, vitalidad, entusiasmo, intensidad, con

objetivos y llegue hasta donde yo estoy ahora, escribiendo mi primer libro?

La respuesta a todo esto es que hay una energía más poderosa que nosotros mismos, y que rige nuestras vidas, es una fuerza indescriptible a la que cuando te rindes y la dejas fluir, todo llega de forma natural, sin resistencias. También hay leyes universales que gobiernan nuestra vida y que sin duda nunca fallan.

Cuando hago de mi sentir un hábito natural y lo incorporo a mi vida, esta nunca volverá a ser la misma.

Te estarás diciendo que sí, que eso es muy bonito y que suena muy bien pero que no es nada fácil hacerlo, que tu vida es muy diferente y que: ¿cómo voy a hacerlo yo?

Como siempre digo en mis discursos, tener mil ganas de cambiar algo, mil intenciones de que alguna cosa ocurra, mil maneras de visualizar, eso: *"No Cambia Nada", un pequeño paso lo cambia todo.*

Está claro que somos criaturas de hábitos y que esos hábitos se convierten en creencias y estas a su vez se manifiestan en resultados, sino pasamos a la acción no obtendremos nada en absoluto, por eso repito de nuevo que, expongo las experiencias de mi vida y los conocimientos que a mí me han servido y que me consta, que a otra mucha gente también.

No es solo para que adquieras conocimientos, es para que los apliques en tu vida, porque sin acción ya sabes que nunca obtendrás resultados, no quiero que me creas, *¡compruébalo!*

En estos momentos estoy en una transición muy importante y como en todo cambio, hay momentos muy difíciles y dolorosos, pero lo que sí tengo claro es que obedezco a mi sentir interior, a ese llamado que intento transmitirte a ti para que te llegue y puedas hacer ese clic tan necesario para experimentar un cambio de rumbo en tu vida y llegar a ser la persona con la que te sientas totalmente identificado.

Cuando tu forma de actuar esté alineada con tu forma de sentir y formen una unidad, entonces tu vida cobrará pleno sentido y empezará a surgir la magia que llevas dentro.

Es de vital importancia respetar tus valores y el sentir interior, esa consciencia que no te va a abandonar nunca, la que cuando conectes con ella te hará ser y hacer de una manera especial, te permitirá reconocer quién eres realmente.

Dentro de nosotros surgen un mar de dudas cuando decidimos cambiar el rumbo de nuestras vidas, parece muy sencillo dicho en palabras, pero no tiene nada de sencillo, es todo un reto y lograrlo te va a llevar a ser una persona totalmente distinta, ni mejor ni peor, sino la persona que realmente eres y que ni recuerdas o quizás nunca has conocido.

La mayoría de las personas no están dispuestas a hacer este cambio, solo una mínima parte lo consiguen. En un principio todos quieren cambiar y tener una vida mejor, pero cuando ven el precio que deben pagar, eso ya no les gusta, entonces reculan y siguen con su misma vida de siempre, la que les da una seguridad momentánea pero también una insatisfacción permanente.

Debes tener un deseo ardiente, un **¿para qué?** muy significativo y que nada ni nadie te saque de tus ideas y de tus valores. Muchos no van a estar de acuerdo con lo que haces, algunos de ellos pueden ser nuestros seres más queridos, pero tu empoderamiento interior te dotará del poder necesario y tu subconsciente te recordará porqué ha puesto ese sueño en tu mente y el para qué lo debes hacer, y eso es más poderoso que todo lo demás.

Te sorprenderá en muchas ocasiones tu forma de actuar en los inicios, cuando decidas cambiar el rumbo de tu vida, pues actuarás de una forma completamente diferente a la que actuabas normalmente en las mismas circunstancias.

Hay que decir que en este periodo de transición sentiremos cómo cambian nuestras energías internas, cómo tenemos mayor energía y cómo cambiamos también nuestras preferencias con respecto a las de antes, todo esto se produce por que ponemos interés y foco en otras cosas que ahora son más importantes para nosotros y experimentamos como un despertar espiritual super intenso.

Todos estos cambios nos harán sentir muy frustrados en muchas ocasiones, porque nuestro entorno no lo entenderá, ya que no están preparados para convivir con ese cambio que estás experimentando.

El cambio es crecimiento y el crecimiento duele y mucho, tendremos muchos fracasos en los intentos, muchas críticas, muchos rechazos, descubrirás cosas que nunca imaginabas y verás la verdadera identidad de las personas más cercanas y algunas te sorprenderán.

Querido lector te hablo desde mi sentir más profundo, no estoy escribiendo este libro para entretenerte o para que te distraigas un rato, si es así puedes cerrarlo, guardarlo o regalarlo, estoy escribiendo esto para ti porque sé que eres muy especial y el hecho de que leas este libro y que el título te haya interesado es lo que te hace especial.

Quiero que sepas todo lo que se experimenta cuando uno decide dar un cambio en su vida, un giro y si estás dispuesto a hacerlo porque crees que ya es tu momento o porque así lo sientes, te felicito. Te hablo desde mi experiencia personal, para aportar mayor valor en tu cambio personal, para que cuando te sientas inmerso en una tremenda soledad, sigas adelante y sepas que todo eso es parte del proceso, para que cuando veas el rechazo de quien menos lo esperabas delante de ti, sigas adelante, para que en los momentos en los que parece que todo está en tu contra, sigas adelante, para que en los momentos en los que dudes de ti mismo, (te aseguro que habrá muchos momentos que así será), sigas adelante.

Como verás el éxito tiene su precio en todo lo que haces. Un cambio significativo, puede ser el de salvar a un pequeño barco que va navegando sin rumbo ni dirección hacia el abismo y variarle el rumbo para que tome una dirección y un sentido y así salvarlo de la caída y de la perdición.

Como observarás el cambio es de 360º, así que para una transformación tan grande debes estar preparado para todo, pues un cambio sin fracaso no es auténtico y perdurable en el tiempo.

Tenemos que cambiar la percepción de fracaso que han implantado en la sociedad moderna, ya que, en otras culturas, ya tienen asimilado que, para conseguir cualquier meta nueva en sus vidas o cambios significativos, van a ir acompañados de muchos fracasos. Lo han comprendido y aceptado, y por ello se permiten llegar al éxito.

En cada fracaso aprenden una lección, y en vez de frustrarse, bloquearse, lamentarse o caer en el victimismo, se hacen preguntas como: ¿qué puedo hacer diferente?, ¿cómo puedo cambiar esta situación?, ¿qué puedo aportar para conseguir llegar a mi objetivo?, etc....

Son formas muy distintas de ver la misma situación, así que apoyemos el fracaso, cuantos mayores fracasos superes, mayores éxitos conseguirás, según el tamaño de los obstáculos o fracasos que superes así será el tamaño del éxito que obtendrás.

Como bien te explico querido lector, no ha sido nada fácil para mí llegar hasta aquí, ha sido y sigue siendo un camino arduo en todos los sentidos. Tal y como te contaba en páginas anteriores hubo momentos en que dudé de mí mismo, pero el fuego que ardía dentro de mí, no me dejaba regresar hacia atrás a pesar de que hubo momentos en los que cualquiera hubiese reculado.

Insisto mucho que lo que hagas, lo hagas con pasión, con respeto hacia lo que sientes, por delante de todas las cosas, situaciones, lugares y pensamientos, tu respeto a lo que la semilla del Universo ha sembrado dentro de ti y que ha agarrado con fuerza, ese respeto es intocable, es tu dignidad como ser humano y lo que has venido a hacer a este mundo.

Tus sueños, tu cambio, tu crecimiento no son negociables bajo ningún concepto. Te sentirás realizado y cuando estés trabajando en tus sueños, esa fuerza y energía, que otros no sentirán nunca, serán suficientes para ti.

El sentimiento que se ha manifestado dentro de tu ser para quedarse para siempre, ya no vale reprimirlo. Cuando este sentir se manifiesta es porque ya estamos preparados para seguir con nuestra evolución, pasar a un nivel superior de consciencia y como todo cambio, es doloroso.

Cuando aceptamos esta nueva energía, que nos mueve y que viene de nuestro interior, es cuando podemos sentir cosas que antes no apreciábamos y es desde esta aceptación que sentiremos un nuevo estado de consciencia dentro de nosotros, es decir, sabremos que nuestro deber es hacer aquello a lo que estamos llamados y conectar con la **Fuente Infinita Creadora**.

Lo externo en este nuevo estado de consciencia deja de repercutir en nosotros, porque podemos sentir que somos seres ya despiertos de ese sueño llamado "vida real".

Está claro que seguimos siendo personas manifestándonos y que como seres humanos sentiremos dolor y frustraciones igual que cualquier otro ser humano, lo que cambia es nuestra manera de interpretar la vida y de cómo permitimos que lo que ocurre nos afecte, ya que desde este nuevo estado de consciencia estaremos conectados con esa paz Infinita a la que hemos permitido que se manifieste en nosotros.

Tendremos muchos desafíos que afrontar, que no se crea nadie que el camino hacia el crecimiento interior y espiritual es un camino de rosas, si alguien cree eso, es hora de que sepa que no es así.

Tendremos que superarnos y vencer muchas barreras y miedos, deberemos asumir el rechazo frente a nosotros, se alejarán personas que nunca hubiésemos pensado que lo harían, pero todo lo que suceda en el camino para llegar a nuestra Fuente Infinita Creadora es perfecto.

Nada ocurre porque sí, sino porque es lo que debemos experimentar para nuestra mayor evolución y así responder a nuestro llamado para poder llevar a cabo lo que hemos venido a hacer.

PASO 1

Capítulo 2

CONVENCIMIENTO INTERNO

En este capítulo quiero hablaros de la importancia que tiene el convencimiento interno. Después de sentir toda esa nueva energía en nuestro interior y renovar nuestras ganas de vivir, ahora viene el convencimiento de qué es lo que debemos experimentar con nosotros mismos y el nuevo diálogo interior que mantendremos en nuestro día a día.

Para esto es esencial la coherencia y la honestidad, todo lo que pensamos, sentimos, decimos y hacemos debe estar alienado hacia una misma dirección, debemos ser absolutamente coherentes en este sentido. El convencimiento llega cuando en el transcurso del tiempo somos capaces de mantener este nuevo estado de consciencia y esto es todo un reto.

Para que perdure en el tiempo un cambio tan importante, el trabajo debe ser constante y continuo. Yo no he parado de estudiar, investigar y crecer como persona en estos últimos años, pero eso no será suficiente, este cambio de consciencia, este cambio de percepción y de hábitos, deben permanecer con nosotros hasta que llegue nuestro fin en este plano de vida.

Y es aquí, en relación con estos nuevos hábitos donde quiero hacer mucho hincapié, porque somo seres de costumbres y nos amoldamos a lo conocido, así que cuando me di cuenta de cómo había llegado a ser una persona tan distinta, es cuando supe que nuestro cerebro es moldeable, lo que hoy llaman Neuro plasticidad.

Así que es todo un reto llegar a ese convencimiento y aceptación y mantenerlo, no todo el mundo está dispuesto a trabajarse diariamente para mejorar y progresar y en definitiva para mantener su amor propio nutrido; igual que nutrimos nuestro cuerpo para mantenerlo vivo, el amor hacia nosotros mismos debe ser alimentado diariamente y esto marcará la diferencia.

Yo personalmente estoy convencido que mi plan y propósito de vida es acompañar a personas con cualquier tipo de dependencias o atasco emocional a encontrar un camino de vida satisfactorio, no me está siendo nada fácil, pero sé que es eso lo que he venido a hacer a este mundo.

No necesito la aprobación de nadie ni estoy apegado a ningún resultado, simplemente sigo mi intuición, lo que yo llamo "Mi llamado", lo que la Fuente Infinita creadora ha puesto en mi interior y justo es eso lo que la mayoría de las personas no hacen. Suelen mantenerse en el plano mental y creen que esto son chorradas y por ello no avanzan, están siempre repitiendo situaciones, hasta que les llegue su momento, porque todos tenemos un momento en la vida para el despertar de la consciencia y para cada uno es diferente.

Sé querido lector que, si estás leyendo estas páginas, es que hay algo que resuena contigo, aunque no hayas pasado por una adicción, la vida misma y el estar viviendo en una sociedad a la que no interesa que seas tú mismo, son suficiente motivo.

En nuestra sociedad no se fomentan los valores individuales, no interesa que sepas de educación financiera, ni de inteligencia emocional etc.., y eso es como estar inmerso en una adicción. Atrapado y a expensas de lo que otros decidan por ti y siguiendo al rebaño. Esa forma de vivir también nos hace adictos.

Sé que puedes estar preguntándote, ¿qué ha sido de mi historia?, ¿qué me ha sucedido en el camino?, ¿cómo lo he superado?, no te preocupes, te contaré todo sobre mí a lo largo de este libro, y espero que te quedes con cómo lo he superado yo y cómo es factible hacer ese cambio de rumbo total en 10 pasos.

Si los aplicas no fallan y te van a llevar al mayor de los éxitos y a encontrar en tu vida un ¿para qué? que te haga sentir libre y al mismo tiempo te aleje de cualquier adicción o dependencia emocional que tengas.

Ahora estoy recordando lo apegado emocionalmente que estaba cuando estaba en activo con mi adicción, a mis padres, a mi pareja, a mis hijos, a amigos que no eran amigos, luchando y compitiendo por todo y discutiendo por cosas que hoy en día no les presto ni atención.

En aquellos momentos ese era mi proceso, hasta llegar al punto donde me encuentro hoy. Lo que yo deseo para ti es, que, si de verdad estás dispuesto a dar ese cambio, lo hagas con conocimiento. El que me ha ayudado a mí a estar donde estoy y compartirlo con personas inmensamente poderosas como tú. Debes poner en marcha todos estos nuevos hábitos y creer que puedes hacer eso que tanto deseas, y el ejemplo de que se puede hacer, soy yo.

¿Qué tiene que suceder en la mente de una persona que no deseaba estar en este plano, para querer vivir una vida intensa, maravillosa y sentirse pleno consigo mismo?, dejo de nuevo la pregunta en el aire para que reflexiones.

Este es el convencimiento interno que trato de explicarte, con mi experiencia personal de lo que estoy sintiendo en estos momentos, para que identifiques cuando te sientas de esta forma, que este es el camino de vuelta a casa, como yo lo llamo, es decir, ser la persona que siempre tuvimos que ser y no desviarnos del camino.

Con tantos estigmas sociales y creencias de nuestros antepasados que tenemos en nuestro disco duro, *¡es hora de reiniciar!*

Uno de los hábitos que más me ha ayudado a mantenerme con este convencimiento interno cuando más decaído estaba, es el que yo llamo los 10.000 pasos hacia mi satisfacción. Consiste en convertirlos en una rutina diaria, (hoy en día aún la mantengo), y dar un paseo por un lugar inspirador y poner el cuentapasos para llegar a realizarlos sintiendo placer y proponérmelo como un merecimiento y un hábito.

En mi caso son 10.000 pasos, para cada caso serán más o menos. Lo de contar los pasos lo realizo con una aplicación conectada al móvil y cuando los he conseguido me avisa, entonces sé que ese día he cumplido con mi objetivo. Para mí es un momento de gran satisfacción, porque en ese paseo conecto con todo lo que siento que soy, con todo lo que quiero y deseo y a la vez me relajo en un ambiente natural, haciendo mis meditaciones y disfrutando de mi nueva forma de vivir.

No te creas amigo lector que esto me ha venido de la nada o de la noche a la mañana, esto es un proceso muy largo y tengo que contarte que, si el sentimiento interno de ese propósito no fuese enorme, muy grande e intenso, hace ya mucho que hubiese desfallecido.

Quiero explicarte cómo era mi vida antes de este cambio que estoy experimentando, y hablo en presente porque en este mismo momento en el que estoy escribiendo, aún me estoy reafirmando. El cambio es constante y debe ser permanente y estoy aún en el principio, como comprobarás en la historia que te voy a contar a continuación sobre mi vida personal.

Quiero hablarte de cómo he llegado hasta aquí de forma resumida, porque ha sido una batalla enorme, muy grande, tanto que casi me quedo por el camino.

Como ya habrás intuido y sino lo has hecho todavía, te lo cuento ahora, caí en el mundo de las adicciones, pero en ese mundo no se cae de un día para otro, sino que el adicto se va haciendo poco a poco y con el paso de los años, sin darse cuenta se van favoreciendo las actitudes que más adelante terminarán en una adicción.

No le ocurre a todo el mundo, pero sí a una gran mayoría, sobre todo a las personas altamente sensibles ya que estas son las más propensas. También están las personas que son adictas y que no lo reconocen y que nunca lo harán.

Vivir en una sociedad tan encasillada y con marcas sociales tan establecidas en referencia a lo que está socialmente aprobado y lo que no, la automatización del trabajo para que todos funcionemos tal y como establecen unos pocos, en mi caso vivir de esta manera ha sido otra adicción.

Poco a poco fui asumiendo como algo normal eso de ir a beber y desinhibirme en mi etapa de adolescencia, ya que estaba bien visto y muy aceptado socialmente, muchísimo más que ahora.

En aquella época hasta los profesores se iban de copas y de pelotazos contigo, ellos mismos te invitaban. Ahora lo pienso y me echo las manos a la cabeza, pero así se fomentaba la adicción y había mucha más ignorancia que hoy en día.

Crecí en ese ambiente y poco a poco fui basando mi vida en esa satisfacción inmediata que me desconectaba cuando algo no me salía bien o no me satisfacía.

Sin darse uno cuenta, el cerebro se va reprogramando y cada vez más te pide esas recompensas, sobre todo en la etapa adolescente en la que aún no ha terminado de madurar. Te desvías hacia el ambiente que más te conviene y empiezas a juntarte con personas que viven la vida igual que tú, es decir, una vida enfocada a las adicciones, que, en la adolescencia y en su gran mayoría, es el alcohol, siendo la madre de todas las drogas, pues es la que abre la puerta para que entren todas las demás.

Para no desviarme mucho, te seguiré contando. Desde ese punto uno va creciendo y después llega, todo lo que en la vida está programado que suceda. Encuentras trabajo y vas ahorrando para poder casarte. Tienes que encontrar a la mujer ideal ¡ojo! según los cánones sociales, y después tener hijos, etc...., para acabar endeudado toda la vida, sin estar convencido de nada, ni con ninguna ilusión, solo la de jubilarte y ver cómo te mueres. Eso el que llega, pues muchos se quedan en el camino.

Así que yo compré todo lo que la ley y el sistema tienen establecido, pero eso no encajaba conmigo. Al poco tiempo de casarme tuve a mi primera hija, y a partir de ahí fue donde más incrementó mi adicción, ni yo mismo era consciente de que era un adicto, ya que nunca le prestaba atención a mi comportamiento, hasta cuando ves que te quita más cosas de las que te da, ahí es cuando prestas atención y empiezas a preguntarte, ¿qué me está pasando? y ¿qué estoy haciendo con mi vida?

En ese momento entras en lo que yo llamo la espiral de la adicción, una espiral progresiva que cuando quieres darte cuenta ya ha echado fuertes raíces y desde donde es muy complicado salir, es decir, solo podemos arrancar esas raíces y plantar otro árbol con mejores semillas.

Ha sido un camino de largo recorrido desde su inicio hasta el día de hoy, pero sé que sin esas vivencias hoy no sería quien soy, así que amigo lector espero tomes nota de todo el desafío que te voy a contar y que, si estás en una adicción, crees que puedes estarlo o has conseguido pararla desde hace tiempo, te puedas ver reflejado en algunas de las vivencias que contaré a lo largo de este libro.

Quiero profundizar en el sentimiento interno que uno percibe en esos momentos tan duros y en los que no se consigue ver ninguna salida. Cuanto más hundido estás, menos posibilidades de salir tienes ya que eso es proporcional y se integra en el subconsciente. Se repite una y otra vez, sin poder hacer nada, pues cada vez estás más debilitado, ya que la adicción va aumentando, dejando cada vez más secuelas y entrando en una espiral de la que es dificilísimo salir.

En esos momentos los sentimientos están anestesiados de tal forma que crees que ya nunca más sentirás nada, pierdes el sentido de todo en la vida y entras en el peor bucle de la adicción, el suicidio inconsciente como yo lo llamo, cuando lo que haces ya es automático y es el peor punto a donde se puede llegar.

Solo personas que hayan pasado por esa terrible situación lo pueden saber, comprender y sentirse identificadas con ello, (los que estén vivos claro), pues la mayoría de los que llegan a ese punto ya no están en este plano.

En mi caso llegué hasta el punto de provocarme el suicidio inconsciente, pero lo que me salvó, creo yo, (por lo que observé después cuando volví en mí y me di cuenta del rastro que había dejado), es que estaba en tal mal estado, que ni tenía fuerzas para hacer lo que mi mente inconsciente pretendía.

Me di cuenta de que había rebuscado en el cuartillo varios tipos de cuerda que estaban revueltas en el suelo, había amontonado ladrillos grandes de cemento junto al árbol en modo de escalera para treparlo, pero lo que sí recuerdo es un sentimiento de PAZ profunda como nunca había experimentado, una sensación de vacío y paz y de limpieza y pureza; no sé cómo explicarlo ya que esa sensación duró 20 segundos más o menos, fue muy intenso pero corto, un visto y no visto.

Lo que sucedió a partir de ahí, es punto y aparte, no tiene explicación, cuando volví en sí, después de más de 5 horas sin poder parar de llorar, me quedé exhausto, sin fuerzas, pero renovado por dentro.

En ese momento entendí que había venido a este mundo a hacer algo distinto, la vida me había dado esta segunda oportunidad de poder manifestar eso que llevaba dentro. Ese fue el principio de mi transformación.

Por eso estoy aquí querido lector, contándote algunos de los sentimientos que tuve en mi punto de inflexión o noche oscura del alma como dicen algunos, el desafío por el que tuve que pasar y que casi me cuesta la vida y eso es justo lo que no quiero que le pase a ninguna persona adicta.

Te aseguro que, aunque lo leas y digas, "sí, pero yo no llegaré nunca ahí, yo no estoy tan mal", te confirmo que puedes llegar a la peor versión de ti mismo, lo peor es no saber si lo contarás, por desgracia he enterrado a varios que no tuvieron la suerte que tuve yo.

El mensaje que quiero transmitir y que siento que he venido a este mundo a compartir, no es de derrota, ni de pesimismo sino de todo lo contrario, es el de poder inspirarte a través de mi ejemplo, de ver la situación tan grave que tuve que soportar; el mirarme al espejo y no reconocer a la persona que veía reflejada.

En este capítulo es donde hablo de mis sentimientos más íntimos, que eran los que sentía en ese momento tan crucial de mi vida.

Momentos donde estando totalmente abatido, derrotado y peor que un trapo sucio, muy en el fondo y a pesar de esa situación tan difícil de explicar y que solo entenderán algunas personas que la hayan pasado, (no todos los adictos han llegado a ese punto), en lo más profundo de mi ser, sentía que tenía que haber una manera de salir de ahí, y que ese no era yo.

A pesar de ese sentimiento, me parecía que estaba muy lejano y no tenía las fuerzas suficientes en ese momento, pero sabía que era lo único a lo que me podía acoger.

Han sido muchas mañanas, tardes y noches, pasándolo muy mal, con ese vacío interior, con esa lucha interna, muchas vivencias que si me detuviese a contarlas tendría que escribir unos cinco libros.

Quiero dejar claro al lector, que es un camino muy duro, desde ese mismo instante hasta donde me encuentro ahora, que es nada más y nada menos decidiendo hacer lo que realmente me llena, sin expectativas, sin apegos emocionales, sin esperar nada a cambio, solamente desnudando mi alma y dejándome llevar por esa energía que todo lo mueve y que te hace sentir uno con el Universo y con la Fuente Infinita creadora.

Por fin eres capaz de hacer lo que realmente quieres y sientes que debes hacer, aunque te parezca al principio imposible, puedes hacer lo que te propongas cuando desatas ese poder interno y te transformas en el ser que realmente eres y del que te habías olvidado.

Cuando pasé por todas esas situaciones, es cuando empecé a sentir de forma distinta, a admitir todo lo que hasta ese momento me había sucedido, sin culpar a nadie, solo aceptando lo que estaba pasando en ese preciso momento.

Ahí es cuando pude responsabilizarme de mis actos y me dije a mí mismo que yo era el dueño de mi vida y que todo lo que me había sucedido era porque yo lo había permitido. Llegué a realizar un pacto conmigo, el de responsabilizarme de mis actos y decisiones, de reconocer dónde estaba y dónde me gustaría estar, comprometiéndome a no volver a tolerar lo que no me hacía feliz.

Realicé un compromiso con lo que yo consideraba mi felicidad y que estaba dentro de mí, respetarlo ante cualquier situación costase lo que costase, y puedo decir con orgullo, que hoy en día lo sigo llevando a cabo.

Esa decisión lo cambió todo en mi vida y empecé a plantar semillas, empecé a recuperar la ilusión perdida y el poder de creer en mí que siempre me caracterizó y que ya ni recordaba.

Reconocí que todo lo pasado ya no contaba, que realmente cada día debía procurarme una ilusión renovada, que eso era fundamental en la vida como propósito, no solo para las personas adictas, sino para todas sin excepción.

En esta sociedad por desgracia, no dejan ni quieren que sintamos calma y paz tal y como nos merecemos, es decir para la sociedad y los gobiernos eso no tiene ningún significado, cuando en realidad es fundamental para el desarrollo y el crecimiento humano.

Independientemente del planeta en que vivimos y de todo lo que nos rodea, lo importante es llegar a darte cuenta y empezar a creer en ti y en tus posibilidades, eso sería como la adicción, pero en positivo.

Todo en esta vida tiene un polo positivo y otro negativo, cuando conseguimos darle la vuelta, en vez de crecer la adicción y ser progresiva, podemos hacer graduales el éxito y la satisfacción personal y con ello nuestro propio crecimiento.

Así que la experiencia me ha demostrado que en nuestro sentimiento interior podemos intervenir y hacerlo consciente, llegando al punto de elegir bien nuestros pensamientos, para crear un sentimiento acorde y coherente que va a materializar un resultado y que es lo que veremos reflejado en el mundo físico y percibiremos con los cinco sentidos.

Para ello es fundamental entrenar adecuadamente nuestra mente, ya que vivimos en un mundo con mucho estrés; debemos dedicar tiempo al silencio mental y si es en un entorno natural muchísimo mejor. Hacerlo es fundamental ya que es necesario para la calidad de nuestros pensamientos y así conseguir que nos otorguen la posibilidad de realizar buenas acciones.

Se trata de hacer un hábito, lo que se convierte en el mundo actual en el que vivimos, en un reto enorme y es justo ahí donde empiezan las dificultades y la mayoría de las personas acaban diciendo, que eso son habladurías, que eso no funciona, que ellos lo han intentado muchas veces y no les ha servido, etc....

A la mínima dificultad que surgía cuando atacaban sus creencias arraigadas desde la infancia, se sintieron incómodos y su mente actuó en modo defensa, como siempre hace cuando se siente atacada; por otro lado, la mayoría de las personas que intentan cambiar creencias arraigadas de toda una vida, con lo difícil que eso es y el reto tan grande que supone, quieren hacerlo de un día para otro buscando la satisfacción inmediata, que es a lo que la mayoría está acostumbrada, justamente por esas creencias.

Debe quedar muy claro que eso lleva tiempo y que debemos ser constantes, pero ahí es cuando surgen los inconvenientes, no estamos dispuesto a hacer lo que haga falta para mejorar y después nos quejamos de que seguimos obteniendo los mismos resultados. Esto se puede aplicar tanto en el mundo de las adicciones, como en el mundo de las personas que se sienten emocionalmente atrapadas o estancadas y quieren dar un cambio de rumbo.

En mi caso, para llevar a cabo ese cambio de rumbo, con todo lo que supone, debo reconocer que me costó muchísimo cambiar y adaptarme a la nueva situación. He de decir que yo no soy más que nadie, a mí me pasan las cosas igual que a cualquiera y me duelen igual, lo que sí es distinto es que sigo a pesar del dolor, a pesar de las caídas y equivocaciones, de los fracasos continuados, de las voces intentando desequilibrarte y machacarte, de los desprecios y de los vacíos, de las zancadillas que aparecen una y otra vez, de las humillaciones y de las personas que no quieren que progreses.

Esas personas no quieren progresar, lo que más desean es que tú no subas de nivel, porque se sentirán atacadas y se verán en la obligación de hacer algo ellas también. Se les desmontarían todos los argumentos, a pesar de todo hay personas que continúan hacia adelante, porque tienen un llamado, tienen un compromiso consigo mismos enorme, saben que no hacerlo es más doloroso que hacerlo, sienten que han venido a este mundo a contribuir para poder mejorarlo y ayudar a todos los que puedan, por eso y mucho más, siempre hay personas dispuestas a cruzar el desierto.

Esto que estoy contando no es algo aprendido en libros o lecturas, es mi propia experiencia de vida y sigo inmerso y decidido a crecer cada día un poco más, hasta que deje de existir en este plano, ya que cuando cambia tu vibración, cambia tu estado de consciencia y tu mente y tu espíritu se expanden y evolucionan con el mundo, como la vida misma.

En este estado de cambio de consciencia es cuando te convences interiormente del llamado que has venido a cumplir, es superior a ti, sabes que estás conectado a algo que, aunque no se pueda ver ni describir, lo sientes muy dentro de ti.

La vida ya no es igual, de pronto notas que te gustan cosas muy diferentes a las de antes, notas un fluir y te dejas llevar, es una sensación de paz profunda y energizante al mismo tiempo, yo lo llamo estar conectado a la Fuente Divina creadora.

Me ha costado mucho llegar hasta aquí y poder indicarte estos pasos que los considero todo un éxito, ya que no es nada fácil cambiar la forma de ver la vida después de haber pasado por infinidad de penalidades, después de querer desaparecer, de no reconocerme ni a mí mismo, de no reconocer ni a tus propios hijos.

Es muy duro y complicado estar escribiendo estas líneas, mi mensaje para ti en este capítulo es que todo es posible y que todo está configurado para nuestro mayor beneficio y progreso.

Todo está modelado para que estés siempre donde tienes que estar, justo en el momento, cada cual viviendo las situaciones que le toca vivir para su mayor evolución en este plano, pero recuerda que todos y cada uno de nosotros tenemos una fuerza interna enorme y que cuando conectamos con ella nos sorprendemos de lo que somos capaces de conseguir.

El éxito es algo que mucha gente confunde con bienes materiales y riqueza. El éxito para mí no es otra cosa que, poder hacer lo que tu interior te dicta que debes hacer en cada momento y poder conectarte con tus principales valores. Estar a gusto con lo que haces, sentir paz desde dentro y poder compartir esa paz y ese sentimiento de amor con los demás.

> *"Cuando cambias la forma de mirar las cosas, las cosas que miras cambian".*
>
> *- Wayne Dyer*

Esta frase de este autor y mentor mío me ha perseguido siempre. Me he inspirado mucho en su filosofía de vida y lo considero hoy en día mi principal mentor.

Mi mayor ilusión querido lector es que todo esto que es una experiencia vital, te sirva para que confíes en ti, para que auto indagues en tu interior, ya que, para dejar atrás una dependencia, sea la que sea, es de vital importancia estar en paz internamente y sanar de dentro hacia afuera, pues como ya bien sabes nuestro exterior, nuestros actos y acciones, son un reflejo de nuestro estado interior.

La meditación y la auto indagación son fundamentales para llegar a conectar con la Fuente Infinita creadora y conseguir el contacto con nuestro yo autentico y espiritual. Cada cual lo puede llamar a su manera, la conexión la podemos encontrar en ese silencio en el que cada uno siente de forma distinta y posiblemente en lugares diferentes.

Durante mucho tiempo fui resistiendo muchas situaciones de sufrimiento por la infancia que me tocó vivir, y no culpo a nadie, ni quiero decir que por eso pasé por lo que pasé. Mis padres y familiares lo hicieron lo mejor que pudieron con los conocimientos que tenían es ese momento y con las circunstancias que les rodeaban.

A lo que me refiero es que las situaciones dolorosas no expresadas que se quedan dentro ya sean en la infancia o en las siguientes etapas, siempre llega un momento en que se manifiestan en enfermedades, en adicciones o en cualquier otra forma de expresión que encuentren.

Mi vida durante la infancia pasó por diversas fases, puedo decir que fue complicada y que se vio muy marcada por los desafíos que tuve que superar. Aunque no tuve falta de afecto por parte de mi madre, sí viví situaciones familiares que no fueron las más idóneas y que marcaron mucho mi forma de ser. Fue el comportamiento paterno de agresividad hacia mi madre lo que me marcó mucho. Reconozco que conmigo intentó hacerlo lo mejor que pudo, aunque siempre tuve presente su forma de actuar y eso me creó un sentimiento interno de inseguridad.

Pero como ya he comentado esas fueron las circunstancias que me tocó vivir y no quiero hacer de esto un drama, porque cada uno de nosotros tenemos historias mejores y peores que hemos tenido que afrontar. Lo que sí es verdad es que la etapa de la infancia repercute mucho en el adulto, por ejemplo, el tener comportamientos reprimidos que crean un sentimiento interior difícil de gestionar.

Por otro lado, me gustaría hablar de que los sentimientos internos debemos atenderlos y respetarlos, pues una de las consecuencias de mi comportamiento adictivo, era sentir un vacío interno constante y no poder satisfacerlo. Era como vivir permanentemente insatisfecho y tenía que rellenar ese hueco con algo que me produjese un placer ficticio y artificial, como era el permanente consumo.

Hoy en día doy gracias a que tuve ese despertar a partir de esa noche negra del alma, donde todo cambió con respecto a la percepción de la vida. Puedo decir que ahora estoy en consonancia con mis deseos y que por muchos impedimentos que aparezcan, circunstancias que intenten tirarme hacia abajo, por muchas personas hipócritas que me dejaron de hablar y que me dieron de lado, nada de eso me hará desistir en mi propósito de vida; es algo superior que me hace seguir adelante, es una energía que me da fuerza en los momentos de flaqueza, una serie de sincronicidades que me dicen: ¡continua!, vas por buen camino y me permiten ver el panorama con otros ojos y poder vivir de una forma inesperada.

Por eso en este libro quiero que, si has pasado por una adicción o por un estado emocional de sentirte muy castigado en algún momento de tu vida, encuentres la inspiración necesaria para continuar en esta maravillosa experiencia terrenal, que no es otra que la de poder expresarnos a través del amor que sentimos hacía nosotros mismos.

Ese mismo amor es el que te llevará donde creas que debes estar, donde puedas realizar la misión de tu vida, para poder vivir con un sentimiento de satisfacción constante y ese es el sentimiento interno que te conectará con quien has venido a ser.

¿Qué tal lo llevas hasta el momento querido lector?, Resumiendo los dos capítulos de este primer paso de nuestros 10 pasos esenciales, quiero decirte que lo primero, ha sido contarte mi sentir más profundo, desde las entrañas, de lo que normalmente no lo hablamos con nadie y que debemos soltar para poder empezar a liberarnos de esas cargas emocionales enquistadas.

Al hacerlo nos permitimos llegar a ese punto de aceptación en el que dejamos toda lucha externa, toda competencia y empezamos a mirarnos hacia adentro como nunca lo habíamos hecho. Nace un sentimiento de amor hacia nosotros mismos, que se convierte en un descubrimiento constante y en crecimiento personal y espiritual.

Es importante comenzar a ver a las personas con más profundidad y empezar a auto descubrirte y a conectar con tus verdaderos valores. En ese momento se aprecia el valioso tiempo que nos concede la vida, nuestra naturaleza sabia nos permite verla y sentirla desde otra perspectiva, desde otro estado de consciencia. Las dependencias/adicciones pasan a un segundo plano y solo vives con un propósito. Tu mayor satisfacción es aportar un granito de arena y contribuir con lo que te ha tocado vivir, para hacer de este plano de vida un mundo mejor.

Todo esto ocurre cuando verdaderamente conectamos con nuestra esencia y aceptamos con la máxima humildad y sinceridad nuestro presente actual y empezamos a vivirlo de manera consciente.

Pasamos a tener el convencimiento de que ese cambio de vida tan intenso que estamos experimentando y creando, va a ser verdaderamente nuestro nuevo estado de consciencia, para ello empezamos a auto indagar, empezamos a hacer cosas que nos satisfacen y a las que antes ni les prestábamos atención. Nos desprendemos de cosas de las que antes nos suponía una lucha poder soltar y empezamos a descubrir nuestros valores que estaban ocultos y dormidos.

Ahí es cuando nos reafirmamos en nuestro convencimiento interior y con nuestras acciones. Muy importante en este punto es poder ver el nuevo estado consciencia que estamos adquiriendo y reconocernos en él, es una rendición a la lucha y a la competencia, es un trabajo continuo y diario que pasa a formar parte de nuestra vida.

Llegados a este punto, espero que estés disfrutando de la lectura y que te sientas identificado con los términos. Intento utilizar un lenguaje llano y sencillo, pero puede que algunas palabras o expresiones no te resuenen, como, por ejemplo, la Fuente Divina creadora, la esencia Divina, etc.., con ello me refiero a lo intangible, a lo que sentimos dentro pero que no se ve, a lo espiritual, a la energía invisible que realmente somos.

Mi intención es que lo veas como algo que es alcanzable para todos y que ponerlo en práctica supone un antes y un después en la vida de cualquier persona adicta o bien que esté afectada emocionalmente por otra situación. Los términos a los que me refiero se basan en mi experiencia personal, y en la documentada recuperación de miles de millones de personas en todo el mundo.

En realidad, todos somos tremendamente parecidos y todos somos la misma energía repartida en cuerpos distintos. Cuando hablamos y escuchamos a otras personas nos podemos sentir muy identificados con ellos y con ellas y a la inversa. Cuando estamos desconectados de lo que realmente somos, eso no es posible.

Para despedirme de estos primeros capítulos quiero recordar que es de vital importancia respetar esa convicción interna de que estamos realizando un cambio de vida, convencernos e integrarlo como parte de nuestra vida siendo totalmente sinceros con nosotros mismos y aceptando que es algo que va a acompañarnos a todos lados.

Es también fundamental que estemos seguros de que eso que sentimos verdaderamente es el estado de vida que queremos que nos acompañe y es entonces cuando podremos continuar con los siguientes pasos, que nos llevarán a dejar los apegos emocionales y cualquier otro tipo de dependencias.

Estoy completamente seguro de que si sigues todos los pasos esenciales conectarás con tu fuerza interior, vas a lograr no solo alejarte de las adicciones, si no de los apegos emocionales de todo tipo como los de depender de otras persona o cosas, vas a pasar a otro nivel de estado de consciencia, pero eso sí, aquí no existen trucos ni varitas mágicas, como he dicho anteriormente esto es un trabajo que hay que poner en práctica diariamente y de manera constante, es una reinvención personal. Para poder llegar a tener eso que quiero, debo hacer cosas completamente distintas a las realizadas hasta ahora.

Un nuevo estado de consciencia requiere un alto grado de compromiso con uno mismo, estar siempre dispuesto a aprender, a ser humilde, a tener ganas de vivir y a estar alineado con algo superior a nosotros; es un modo de vida diferente, si quieres buscar resultados inmediatos y que te lo den todo sin entregar nada, eso aquí no lo vas a conseguir, ni en ningún sitio, ya que lo verdaderamente valioso es el cambio continuo y constante que te permite disfrutar del camino y aprender de los errores y de los aciertos.

Todo ello requiere de tu tesón, de seguir hacia adelante aun cuando veas que todo está saliendo al contrario de lo que pensabas, de seguir, aunque parezca que estás solo en ese camino. Requiere de un fe verdadera y absoluta, precisa de ese amor y esa pasión de querer llegar a ser y a tener lo que realmente queremos y de saber que estamos en el camino correcto, por tanto te digo desde ya, que no todo el mundo va a estar dispuesto a hacer esto, pero el que esté realmente comprometido con su cambio personal y quien verdaderamente quiera llegar a encontrarse de forma definitiva, lo va a conseguir sí o sí, y este libro le va a ayudar.

Así que espero que seas de esas personas comprometidas que deciden realizar ese cambio de rumbo hacia una vida con sentido donde puedas sentir la libertad de elegir en todo momento sin coacción, sin miedo al qué dirán, sin dependencias de ningún tipo, sintiendo la paz que realmente mereces y gozando de una vida satisfactoria y plena.

PASO 2

Capítulo 3

DESAPEGO EXTERNO

En este capítulo desarrollaremos diferentes formas para desapegarnos de lo externo, que no es otra cosa que la manifestación de nuestro sentimiento interno.

Aún hoy día nos cuesta reconocer que lo que percibimos con los cincos sentidos, las cosas que palpamos como "reales", no son más que el resultado o efecto de lo que se ha creado en el interior desde nuestro inconsciente.

En este segundo paso y en concreto en este punto, lo que quiero constatar es la importancia de desapegarnos de aquello que hemos creado desde las creencias que arrastramos, como ya vimos en el último capítulo. Muchas veces no soltamos alguna situación por temor a lo que pueda pasar, por miedo a la incertidumbre, por no creer plenamente en nosotros mismos, por conformarnos con lo que tenemos y porque esas creencias que arrastramos nos sabotean para que nos quedemos donde estamos.

Con el desapego de lo externo, a lo que realmente me refiero, es a dejar de esperar un resultado concreto e inmediato de las acciones que realizamos, es desapegarse del efecto y actuar con el máximo amor por lo que realizamos, es soltar la aprobación externa; nadie nos tiene que decir esto sí o esto no. Cuando hacemos algo bien lo sabemos, y cuando no, también, solo tenemos que recordar el ser completo que somos y reconocernos.

Ya sabemos muchas cosas, solo hace falta que recordemos lo grandes y maravillosos que somos, dejar de vivir como si estuviésemos dormidos y no hubiésemos despertado del sueño.

Cuando practicamos el desapego, es cuando sentimos que estamos en un estado de consciencia diferente, las cosas externas que antes nos hacían sufrir por hacernos luchar o competir, dejan de tener importancia y vivimos en un estado con más fluidez, donde somos capaces de dejar que la vida actúe a través de nosotros, es centrarnos en lo que verdaderamente creemos que somos.

Una de las cosas más importantes para practicar este desapego externo es dedicarte un tiempo diario de reflexión. Algo tan simple como eso, aporta un gran beneficio a lo largo del tiempo en nuestra vida. Reconectarnos con la esencia que sabemos que somos, ver dónde estamos y hacernos preguntas que nos cuestionen y den sentido a nuestra vida, esta perspectiva, nos va a hacer ver la vida de diferente manera.

Si nos desviamos, estancamos o perdemos el rumbo por cualquier motivo, con esta práctica diaria podremos reconducirnos y encauzarnos hacia donde verdaderamente queremos ir.

Para realizar dicha habilidad, se necesita de mucha humildad y de la máxima sinceridad con nosotros mismos, en esos momentos de intimidad. Cuando estamos solos, son imprescindibles y necesarios para conectar con el interior tan sabio que nos guía.

Otra cosa que nos ayudará también, es intentar hacer meditación, pero no hace falta ser un experto en el tema, ni formarse para ver cómo se hace, es algo natural que sale de nosotros mismos, cada cual lo hace de forma distinta y en sitios diferentes, lo importante es que te sientas conectado de forma natural con tu yo interno y sientas calma y paz; ya sea en la playa, en el campo, dando un paseo, escuchando música o algún audio de motivación, etc...

La meditación incorporada a nuestra vida nos ayuda con el control emocional y es recomendable para la mejora del estrés, por tanto, es muy importante también para poder practicar el desapego externo.

En este segundo paso, lo que te quiero comunicar querido lector, es que es muy importante para conseguir dar un cambio de rumbo, salir de lo que no nos hace bien y hacerlo sin darle muchas vueltas. Si vemos que algo nos perjudica, es mejor armarse de valor, aunque duela al principio y nos de miedo, y atrevernos a dejarlo de lado, sabiendo que hacemos lo correcto para continuar nuestra vida en un estado de consciencia pura y en paz.

Espero que te estén sirviendo todos estos recursos, porque es muy normal que tu mente saboteadora te esté diciendo que dejes de leer estas cosas, que eso a ti no te va a servir de nada, que son solo palabrerías y que estás perdiendo el tiempo... bla, bla, bla...

Eres libre de hacer lo que quieras, pero para librarte de esa prisión mental y de ese saboteador incesante, te recomiendo que sigas leyendo, porque por el solo hecho de leer, tu mente lo absorberá como algo desconocido, como una amenaza de cambio, es por eso que te asaltan estos pensamientos, pero te reto que leas hasta el final, ya que no estoy escribiendo estas líneas para entretenerte, sino para que puedas salir de esa prisión mental a la que has estado sometido durante los años. Deseo que ahora mismo tengas la oportunidad de probar una nueva forma de vida tal y como mereces, yo sé que puedes y si estás aquí es porque realmente quieres dar ese cambio, todo se atrae en esta vida debido a nuestra vibración y si has llegado a estas líneas es porque estás preparado/a y necesitas dar un cambio de rumbo para sacar tu mejor versión, de eso estoy completamente seguro.

Así que continua con esta lectura, sabes que puedes recurrir a ella en cualquier momento de bajón que tengas en tu vida para que te reactive y puedas tomar las mejores decisiones, que estoy seguro de que te va a servir, porque yo he tenido un segundo renacer como ya conté al principio.

Tuve una experiencia cercana a la muerte y noté como me fui por un instante de este mundo, incluso me pude percibir fuera de mi cuerpo, no duró nada, solo fueron unos veinte segundos, pero a partir de ese momento todo cambió y ya nada iba a ser como antes.

Ahora que estoy escribiendo estas líneas noto que no soy yo quien te está mandando este mensaje, sino que es el Universo, la Fuente Divina o como quieras llamarlo, quién se está expresando a través de mí para que recibas estas palabras, yo soy solo el canal. Noto lo mismo que cuando me dejo llevar y permito que la vida se exprese, las palabras me vienen solas, es el mensaje del Universo.

Cuando pasé por la experiencia trascendental y empecé mi nueva vida con este nuevo estado de consciencia, me di cuenta de que era algo que la vida tenía preparado para mí y también sé que no hay retorno, ya que por mucho que quisiera ser como era antes, me sería imposible. Ya no sintonizas con esa frecuencia, ya no te dice nada, ya no perteneces a eso. ¡Guau...!, cuando aún lo pienso, no puedo creer el cambio de vida tan sorprendente que he dado.

Solo me gustaría querido lector, que, si estás pasando por una mala situación, personal, familiar, laboral, de salud, por una adicción o una situación emocional que te afecta severamente o por lo que sea que estés viviendo, quiero que sepas que estoy convencido de que estos principios te van a funcionar y que hagas todo lo posible y no los eludas. Ya sabes que en mi reinvención personal me conecté con mi propósito de vida, que no es otro que ayudar a los demás a dejar sus adicciones y a los que estén afectados emocionalmente a encontrar su mejor versión y sintonizar con un nuevo estado de consciencia.

Lo que quiero comunicarte es que yo he pasado de no querer vivir a sentirme dichoso cada mañana que me levanto, a sentirme vivo y con ganas de vivir y eso es lo que menos quería hace unos años. Sé que tú también puedes hacerlo, la pregunta es ¿qué tiene que suceder en la mente de una persona para pasar de no querer estar en este plano, a vivir la vida con ganas, intensidad y a sentirse realizado?, mi respuesta a esta pregunta es muy clara, amarse a sí mismo y recuperar ese amor propio perdido, eso lo cambia todo.

Una de las cosas que más me han ayudado en mi evolución personal y espiritual, ha sido este principio que te estoy contando en este libro, que ha supuesto un antes y un después en mi vida y que no es otro que el desapego a lo externo, conseguido de la forma que te he contado, con la meditación y la auto indagación.

Quiero darte humildemente la enhorabuena por interesarte por este tema y si estás buscando un cambio y quieres llegar donde crees que debes estar, felicitarte ya que no todo el mundo tiene el valor de darse esa oportunidad de creer en sí mismo y de buscar su mejor versión.

No importa la edad que tengas, a cada uno le llega cuando le tiene que llegar, cuando la Fuente Infinita creadora sabe que es el momento, llega el cambio. No todo el mundo es seleccionado, ya que muchas personas pasan por esta vida aparentemente sin un significado y se van de ella sin haber sentido y sin haber cumplido con ningún propósito, así que, si estás en la tesitura de estar pensando en un cambio de rumbo, siéntete afortunado.

Espero que practiques el desapego externo y empieces a construir tus sueños, que conectes con ese propósito de vida, que conectes con tus valores principales y que des con el objetivo que dé un sentido verdadero a tu vida y te sientas libre de hacer aquello que conecta con tus principales valores.

Todos tenemos una misión importante en nuestra vida, y todos y cada uno de nosotros hemos venido a este mundo para realizar una misión, pero no todo el mundo conecta con ese estado de consciencia, como dice una frase que escuché hace tiempo, *"Muchos son los llamados y muy pocos los elegidos"*.

Quiero que seas uno de los elegidos, ya que la vida te pone ciertas situaciones a superar para tu mayor bien y para tu mayor evolución. Si no, ¿qué es lo que hace que gente que no tiene ninguna esperanza de vida salga hacia adelante?, y no solo eso, sino que además acabe triunfando exponencialmente.

¿Qué hace que personas que tenían su esperanza de vida perdida, recuperen el sentido y se sientan plenas? Hay alguna fuerza, energía superior o lo que sea que nos mueve y nos da todo su apoyo cuando conectamos con ella, por eso yo quiero que conectes con eso que te llevará a sacar tu mejor versión, no va a ser fácil, nada es fácil en esta vida, lo que sí te aseguro es que si conectas con esa fuerza, podrás superar situaciones y no sabrás cómo lo has hecho, notarás que algo fuera de lo común conspira a tu favor, sacarás en momentos complicados una fuerza indescriptible que no sabrás de dónde procede, bueno pues yo te lo digo, sale de dentro de ti y es el potencial más grande que poseemos y que la mayoría de las veces no sabemos que lo tenemos.

¿Cómo notarás que estás actuando con desapego externo? Cuando lo hagas de una forma natural, esto quiere decir que no te irritarás por cosas que antes te producían rabia, cuando dejes de entrar en competencias y luchas sin sentido. Tienes que ser consciente que muchas personas que ahora están en tu entorno puede que dejen de hablarte, puede que te den de lado, si te ocurre, va a ser muy duro y no todo el mundo será capaz de comprenderte, más bien muy pocas personas son capaces de desapegarse de lo antiguo para dar entrada a lo nuevo.

Es un cambio de consciencia y muchas personas que no vibrarán en tu nuevo estado, desaparecerán de tu vida, es algo natural, hay que estar preparado para ello, por eso, este cambio que deseas debe tener el máximo sentido y ser prioritario en tu vida, sino, es fácil que cuando lleguen los momentos más difíciles y duros, tu mente te gane la partida.

No he dicho en ningún momento que este sea un camino de rosas, todo lo contrario, es muy duro, yo mismo estoy en estos momento en que estoy escribiendo este libro realizando aún esa transformación y te puedo asegurar que en estos últimos años he vivido las situaciones más complicadas de mi vida, pero no me han hecho abandonar, sigo adelante, si hubiese tirado la toalla (que motivos ha habido y sigue habiendo), no podría haber llegado hasta ti, para que conozcas estos pasos tan buenos y efectivos que harán que consigas realizar un cambio en tu vida.

Estos pasos son fruto de mi experiencia personal, profesional y una recopilación de testimonios de miles de personas con adicciones y problemas emocionales de todo tipo superadas y de todas partes del mundo, así que, si tantas personas han podido dar lo que yo llamo en este libro un "CAMBIO DE RUMBO", ese giro de 360º, tú también puedes hacerlo con esta lectura. Espero que te sientas identificado y que te pueda ayudar a superarte en momentos difíciles.

Lo que más me ha servido a mí para desapegarme de lo externo ha sido unas preguntas que me hacía constantemente: **¿esto que vivo es todo lo que hay?, o ¿hay algo más que dé significado a la vida y que está en nuestro interior?** Con ellas, no me estoy refiriendo al plano externo sino al plano interno.

Cuando te sientes realizado, estos cuestionamientos que siempre me han acompañado, te das cuenta de que son uno de los motivos por los cuales, no he dejado de indagar y de superarme. Hoy en día después de lo vivido hasta el momento no tengo dudas de que existe algo más que lo tangible y palpable, algo que es lo que nos mueve y que es una energía infinita.

Cuando practicas este principio, que es un paso más que viene con el camino del cambio que estás haciendo, no puede ser forzado. Estos pasos son un relato de lo que normalmente se siente y de lo que te puedes encontrar cuando estás haciendo ese cambio.

Hay mucha gente que se siente aturdida por la serie de cosas que le suceden y creen que solo les pasa a ellos; esta es una guía para que te puedas ver identificado y puedas superar cualquier atasco que se produzca en tu cambio de vida.

La percepción de la nueva consciencia no puede ser autoimpuesta, sino que debe producirse de forma natural cuando has decidido dirigirte a buscar la mejor versión de ti mismo, te ayudará reconocer por dónde vas y en qué punto estás de esa transformación.

En cualquier caso, la vida externa continúa su curso y ahí está la complicación de un cambio o una reinvención personal, ya que esto se produce muy lentamente y apenas es perceptible y no todo el mundo está dispuesto a hacer un cambio que será lento y que durará hasta el momento en que deba partir de este plano de vida, por eso es tan lento, porque es un viaje a largo plazo.

Mientras, tienes que ir viviendo situaciones antiguas mezcladas con las nuevas formas de pensar y compartiendo la experiencia con gente que vibre en un estado de consciencia distinto, por eso muy pocos son los que logran el éxito que se han marcado, porque debes mantener el desapego al resultado. Esto que es tan obvio y parece muy fácil, es todo un reto, no todos aguantan este cambio, ya que requiere de mucho tesón, disciplina, perseverancia y por encima de todo de una FE inquebrantable.

Son los momentos más difíciles para lograr ese desapego necesarios para dar entrada a lo que realmente estamos dispuestos a vivir. Tienes que ser consciente de que una vez hayas tomado un nuevo rumbo no habrá marcha atrás, por que tu misma consciencia te dirá que ella no quiere volver a lo que ya vivió y no le gustó, es pues una travesía sin retorno, es un nuevo camino y debes ser consciente que van a suceder cosas muy duras, tal y como te he mencionado en los capítulos anteriores, cosas que ni tú mismo imaginabas que podrían pasar.

Pero también debes ser consciente de que te convertirás en tu mejor versión, que vas a hacer cosas que ni imaginabas que podrías hacer, vas a descubrir un poder interno que no sabrás ni cómo estás haciendo las cosas que en otro momento eran impensables para ti, descubrirás facetas que no dejarán de sorprenderte, y empezarás un camino de autodescubrimiento y nuevas sensaciones del que no hay retorno, sacando fuera esa creatividad enquistada en tu interior más profundo.

Personalmente este autodescubrimiento, ha sido impactante. Miro hacia atrás y veo todo lo perdido y lo separado que estaba de mí mismo y lo lejos que veía estos momentos que ahora estoy viviendo, es más no los veía ni lejos, es que ni los veía, ni pensaba que podría estar donde me encuentro ahora.

Han sido momentos muy duros de superar, momentos en los que ya no me sentía ni siquiera digno de mí mismo, de casi perder la cordura, y de ser como una bayoneta sin control.

Todas estas vivencias me hacen constatar por propia experiencia que si te propones algo que quieres conseguir y te lo planteas de verdad, con intención, con trabajo, con perseverancia, con ilusión, puedes hacerlo.

Dolerá muchísimo más no hacerlo y quedarte donde estás, porque si donde estás *sientes* comodidad y esa comodidad crees que es buena, entonces por más que te esfuerces y hagas, nada conseguirás. Si te has fijado he utilizado una palabra clave en todo esto, que es la que va a determinar si lo conseguirás o no, si vas a llegar a tu misión o no, esa palabra es *"SIENTES"*.

Todo va a depender de esto, de sentir, porque los deseos que se manifiestan en realidad dependen del grado de sentimiento y en esto no puedes influir de forma consciente, por tanto, el deseo si no es verdadero, es superficial, si no nace de lo más profundo de tu alma, si no lo sientes desde el inconsciente, no tendrás resultados verdaderos y perdurables en el tiempo y el deseo perderá su fuerza poco a poco en el camino, hasta desaparecer y difuminarse como el humo al viento.

Por otro lado, habrá momentos en este cambio de rumbo, en los que vas a dudar de ti mismo, momentos en los que la vida no te dejará ver eso que te gustaría ver, ese pequeño rayo de luz para poder continuar, ese momento en el que te replanteas quién soy y por qué me está pasando esto a mí.

Aún ahora me suceden a mí alguna vez y ahí es cuando más tienes que empujar, más tienes que confiar en ti mismo; es momento de salir y reconectar con lo que te llevó a tomar esa decisión, una oportunidad que tienes para buscarle el sentido a este cambio, no para eludir el dolor y para victimizarte, el dolor nos reta, es necesario sentirlo para poder trascenderlo, son pruebas de fe que nos pone la vida para ver cuánto estamos dispuestos a hacer para llegar hasta nuestros sueños.

También la vida nos va a colmar de sincronicidades, veremos cosas que parece que ya no tienen remedio y cuando las demos por perdidas, aparecerá la magia y la solución de no sé dónde.

Es la vida dándote esa luz para hacerte más fácil el camino. La vida nos ayuda cuando ve que realmente damos el máximo de nosotros para superarnos y cumplir con nuestro llamado, es como un empujón que nos da aliento.

Quiero que sepas que estoy muy orgulloso de ti, aunque no nos conozcamos de nada, porque sé que eres una persona a quien la Fuente ha traído a leer estos puntos y principios para superarte, para identificarte con ese deseo ardiente de ser.

Sé que, si estás leyendo este libro, es porque lo necesitabas en este momento. También quiero decirte que no dudes en seguir tu llamado, que a pesar de no saber cómo, ya te he contado lo duro que va a resultar seguirlo, tienes que realizarlo.

Si lo has visualizado y sentido en algún momento de tu vida, es porque es posible conseguirlo, si no, no lo podrías haber imaginado ni sentido. Sé que hay momentos en los que te dices, "me estoy volviendo loco, he perdido el norte, no tiene sentido todo esto... bla, bla, bla...", es la mente saboteadora intentando con todos sus recursos que abandones, pero ya queda muy lejos el que le hagas caso, porque ya ha ganado mucho terreno tu llamado.

Has llegado a un momento en que ya sabes que, aunque vengan esos pensamientos los dejarás ir y seguirás con tu propósito, el ego saboteador, está muriendo y estás transformándote en esa persona plena y satisfecha que deja poco a poco de tener miedo y empieza a sentir la vida como un regalo, como lo que realmente es, empiezas a conectarte con esa Fuente Infinita creadora como yo la llamo, y la vida será cada día una caja de sorpresas. Deja fluir los acontecimientos que son parte de la vida, es como "dejarse vivir".

Espero que me estés entendiendo, pues hay muchos términos que se expresan de forma especial cuando nos referimos a la espiritualidad. Estoy intentando explicarme de una forma sencilla y comprensible, así que sería para mí muy importante que entendieras estos términos, que aclararé más adelante.

Una de las cosas que quiero contarte y que no quiero se me pase en este capítulo respecto al desapego externo, es que nunca podremos desapegarnos del todo en este plano, porque hemos venido a lidiar en esta vida con muchas personas, muchos estados de consciencia distintos y mientras tengamos un cuerpo tendremos una parte de apego hacia él.

Cuerpo y espíritu son cosas distintas. Lo que sí podemos hacer es sentirnos conectados a la Fuente y eso lo cambiará todo, como ya te he contado anteriormente.

Quiero resumir un poco este capítulo en el que hemos repasado la importancia de desapegarnos de lo externo, refiriéndonos con ello a dejar de competir, dejar las frustraciones y la ira a un lado. Todo ello se consigue haciendo esta auto indagación, en la que nos ayudará mucho la meditación y el reconectarnos con nuestro propósito de vida, ahí es cuando empiezas a notar ese desapego a lo externo, por que tu mente y espíritu, se han alineado para algo más grande.

Es fundamental reconocer este estado, para seguir avanzando de forma gradual y con sentido hacia nuestro cambio personal. También es importante reconocer esos momentos de incertidumbre que van a llegar y en los cuales dudaremos hasta de nosotros mismos. Habrá momentos en los que veremos cómo nos miran de otra forma, hasta los seres más queridos. Te darán de lado personas que creías que nunca perderías y muchas más cosas que lleva implícitas el desapego a lo externo y que cuando suceden y son dolorosas, también son buenas, porque sirven como indicador de que vamos por el buen camino y de que estamos vibrando en un estado de consciencia diferente.

A partir de ese momento la vida nos traerá personas diferentes que vibrarán en nuestro mismo estado de consciencia. Ese es el principal cambio que realizaremos y debemos reconocer nuestros pequeños logros y conseguir que sean la fuerza que nos haga continuar. De vez en cuando echar la vista un poco atrás y ver esa evolución personal, que, aunque nadie te lo diga, tú sabes que está sucediendo. Estarás sintonizado con ese cambio que todo lo puede y que realmente sabes que vas a lograr. Todas estas personas que ahora no te apoyan, que te rechazan y que se alejan de ti, quizás incluso pensando que estás mal de la cabeza o que te has vuelto loco, son las primeras que vendrán a pedirte que les eches una mano cuando tu éxito sea inevitable y estés tan conectado a tu misión que la vida solo te pueda dar eso que estás creando por ti mismo, para tu progreso personal y para contribuir a un mundo mejor.

PASO 2

Capítulo 4

RECONECTAR CON TU PROPÓSITO

En este capítulo quiero describir una de las claves fundamentales. Todas son importantes, pero conectar con un propósito, con eso que te emociona, que te produce un estado de satisfacción solo con pensarlo, es primordial tener un mapa del cambio de rumbo para saber a dónde vamos, qué queremos y para qué lo hacemos, todo esto es importante y se consigue conectando con el propósito que cambiará tu vida.

Para conectar con ello, debemos primero tomar la decisión con nosotros mismos de ser responsables al máximo, haber practicado el desapego externo y habernos aceptado sin ningún temor.

Nuestra forma de pensar va a requerir de cosas distintas, ya hemos decidido libremente realizar ese cambio de rumbo y estamos concienciados de llevarlo a cabo pase lo que pase. Es hora entonces de buscar dentro de nosotros, de auto indagar y hacernos preguntas poderosas, de leer incesantemente buscando ese conocimiento que nos nutre y nos hace crecer. Es momento de recordar lo que queremos, nuestro ser más profundo ya lo sabe, todos lo sabemos al llegar a este plano, lo que ahora precisamos es recordarlo. Olvidamos lo esencial de nosotros y debemos vivir el proceso de recordar.

Así que es fundamental tener esa fe de la que hablamos anteriormente, que no es otra cosa que la convicción de que existe algo que no se ve.

Cuando conecté con mi propósito, la vida me cambió de forma radical ya que empecé a recuperar el sentido que había perdido por completo. Empecé a existir con objetivos, una forma de vivir completamente distinta ya que ya no necesitaba salir con nadie, ni dar explicaciones. Me rendí a la vida y a explorarla por completo. Empecé a disfrutar más de mi tiempo, te quieres y eso lo cambia todo, ese amor hacia ti mismo viene implícito para conseguir el cambio de rumbo que deseas, cuando llegas ahí y conectas con el llamado, con eso que has venido a hacer, ya sabes que no hay retorno. Experimentarás una energía superior que hace que te muevas hacia el objetivo deseado.

En el capítulo anterior hablé de conectar con un propósito, con eso que quieres, pero cuidado en la forma en que lo hacemos, ya que, si pensamos en me "gustaría conseguirlo", ese me "gustaría" es como si le dijeses al Universo que deseas algo que no tienes, así que el sentimiento interno es de escasez. Cuando sientes dentro escasez, ¿qué crees que se va a manifestar?, ya sabes la respuesta, como es dentro es afuera, son principios metafísicos y no fallan.

Así que una vez que tengas el propósito y sepas lo que quieres, es importante la reprogramación mental, ya que el trabajo en nuestra mente debe ser constante y diario, porque al mínimo descuido, nos redirigirá a los patrones antiguos, que tienen mucha fuerza, ya que han estado en con nosotros durante muchísimos años.

Tenemos que alimentar nuestro sueño, tener "hambre" para conseguir eso que deseamos, porque sin propósito, ¿qué es a la vida para ti?

No te permitas caer en la monotonía, ya que estás realizando un cambio, aprovecha eso que Dios, la Fuente, o como quieras llamarlo, ha puesto en tu sentir para que lo realices, todo lo que puedas ver o imaginar con pensamientos ya es tuyo en otro plano más elevado de consciencia, el trabajo ahora es bajarlo a este plano para verlo materializado.

Que los limites autoimpuestos por la sociedad, familia, educación, etc.., no te detengan ni te influyan para conseguir eso que has venido a hacer y para lo que tienes todo el potencial.

Ahora que ya sabes a dónde vas y qué quieres, lo importante es colocar una rutina constante que te acerque y te mantenga conectado a ese sueño y saber que tendrás que trabajar en él, para conseguirlo.

Lo más valioso es en quién te conviertes trabajando en algo tan crucial como es conseguir un propósito y tener una vida con significado y con sentido; aunque nos caigamos, aunque pasemos por momentos duros, si el propósito es verdadero, superaremos todos los obstáculos.

Es el momento de hacer que la vida esté en consonancia con lo que sentimos y nosotros en consonancia con ella. Es la ocasión de empezar a disfrutar de cada instante, de hacernos conscientes del instante presente, de acostumbrarnos a sentir todas las sensaciones, de auto conocernos mejor y de no de eludir ni enmascarar lo que sentimos, y saber a qué no queremos enfrentarnos. Es hora de no poner más parches ni máscaras en nuestra vida.

Atrás queda ya todo lo que pasamos, ya sea bueno o malo, lo que realmente importa es este momento. Ahora ya no tenemos control alguno del pasado y nada podemos hacer para recuperar ese tiempo, que es lo único que no regresa.

Nos centraremos en este nuevo propósito que ha nacido dentro de nosotros y empezaremos a alimentarlo para que poco a poco vaya creciendo como si de un bebé se tratara, con toda la paciencia del mundo, con toda las ganas e intensidad, con todo ese amor, con esa fuerza que sale de no sabes dónde para seguir adelante ante las adversidades.

Esta es la oportunidad de construir ese sueño que tú reconoces muy dentro de ti y sabes que es posible, pero que en ocasiones dudas de ti mismo, ya que queremos verlo materializado todo en poco tiempo y todo llega justo en el momento preciso.

A veces nos cuesta perseverar y entender los tempos de la vida, del Universo y saber disfrutar del camino, tener la certeza de qué es lo que realmente estamos haciendo, y que nos encaminamos hacia donde queremos, es lo mejor que podemos hacer, aun cuando nos equivoquemos y tengamos que rectificar, pero que la energía que te mueva al cambio, sea inquebrantable, a pesar de todas las dificultades, que seas UNO con tu objetivo, tanto en mente, cuerpo y espíritu.

Una de las mejores formas de manifestar nuestro propósito es dar por hecho que ya lo hemos conseguido, que ya está aquí manifestado y agradecer en todo momento por eso que ya somos (aunque aún no hayamos llegado), agradecer todo lo que ya tenemos y alinearnos con la energía de la abundancia.

Una de las cosas que van a suceder cuando estemos conectados a nuestro propósito son las sincronicidades, ellas nos guiarán para acercarnos a nuestro objetivo, para indicarnos que vamos por buen camino, para animarnos a continuar. Acontecerán cosas inesperadas, situaciones que te ayudarán a acercarte a ese nuevo estado de consciencia.

Lo más importante en este punto es trabajar mucho nuestro inconsciente, que esas sensaciones internas sean positivas y nos emocionen mientras hacemos el cambio, que sepas siempre el "para qué" de lo que haces, es el estado interno invisible el que va a hacer que se manifieste todo lo que estuvo siempre ahí.

Es imprescindible trabajar nuestro interior y justo es eso en lo que la mayoría de las personas fallan, porque quieren hacer los cambios desde lo superficial, desde lo externo, desde lo que se percibe como "real" y que no es lo real. Lo real es siempre el estado interior y es lo más complicado de cambiar.

Para reprogramar nuestro estado interno y hacer que actúe a nuestro favor, existen muchas formas. Es muy importante tener nuestro espacio, ese que estando a solas con nosotros mismos, nos sentimos tranquilos, relajados, conectados con la esencia, es ahí cuando debemos pensar en esos momentos en los que conseguimos algo que deseábamos con intensidad. Es importante recordar y sumergirte en ese estado de vibración, ten presente que todos hemos tenido algún momento de gloria en nuestra vida, la mente tiene que irse acostumbrando a sentir esos momentos de gloria y felicidad plena para que le resulte normal manifestarlos.

En mi caso cuando conecté con ese estado de vibración empecé a reprogramar mi mente para qué, a pesar de las dificultades que tenía que ir superando, estuviese en un estado de positividad y satisfacción constante, yo lo llamo los 10.000 pasos hacia mi felicidad.

Consiste en los pasos que vamos dando a diario, y yo tomo esos pasos para reconectar con mi esencia y no salirme de eso que quiero manifestar.

Para conseguirlo siempre voy a pasear por la playa a la orilla del mar, eso me ayuda muchísimo con mi mundo interno, me hace salir del ruido externo, de la contaminación acústica y permite introducirme en mi interior y escuchar ese susurro del alma, que hace que perciba todo con más claridad y que me aporta esa paz necesaria para continuar.

Esos momentos son un reto que respeto y antepongo a todas las cosas y circunstancias, eso me ha ayudado también a tener la disciplina necesaria, que no tenía, para cumplir con algo que te planteas y debes hacerlo sí o sí. Esa disciplina y reconexión diaria es fundamental para llegar al punto de conexión deseado y necesaria para alimentar nuestro estado interno.

Esos 10.000 pasos son el trayecto que hago en esta ruta desde un punto a otro. Los conté un día y eran justo 10.000 pasos, entonces puse una alerta en la aplicación de mi móvil, para que me recordara que había cumplido con el objetivo ese día, para que no se me olvidase en ningún momento el darlos, para no poner excusas.

Ya sé que hay momentos en los que no es posible por muchas circunstancias, pero lo que quiero decir es que, a no ser por una fuerza mayor, eso lo conviertas en un hábito en tu vida. Los beneficios que te reportará hacerlo son extraordinarios, una vez integrados no podrás pasar sin ello.

Cada cual tendrá una forma distinta de marcarse este hábito, en mi caso fue ese de pasear junto a la orilla del mar y sentir el frescor puro, ese olor a mar intenso, esas sensaciones que me aporta, esa clama, junto con esa visión del mar perdiéndose en el infinito. La vida misma es infinita, me hace reconectar con mis deseos más internos y verdaderos, me ayuda a recordar quién soy verdaderamente. Mientras paseo, también escucho en muchas ocasiones esos audios de mis mentores que me motivan. También en algún momento del paseo me paro a reconectar con mi yo superior y hago mi meditación, con una música que me transporta a un punto mágico. Todo esto ya forma parte de un hábito en mi vida y me hace ser otra persona.

Hay gente que al notar mi cambio de vibración a la que ya no les he gustado y han dejado de hablarme e intentan ningunearme, para ellos poder seguir justificándose. Yo ya no entro en esas competencias y luchas, dejo a cada cual, con sus momentos de evolución y vibración, pero independientemente de lo que opinen otros, yo sigo haciendo lo que me aporta valor y crecimiento y que forma parte del camino para poder conseguir mi propósito de vida.

Este hábito cuando tú lo integres en tu vida querido lector, también te aportará a ti, y lo reconocerás, si no es que ya lo estás haciendo.

Tienes que buscar eso que te reporte a ti esa reconexión, en mi caso es el mar, pero cada caso es distinto, el tuyo puede ser dar un paseo por un parque o por la ciudad, por donde quieras, o haciendo deporte, lo que sea que a cada cual le conecte con su mundo interno. Debemos superar este tramo tan difícil, porque no es habitual que lo hagamos, pero que es imprescindible.

La sociedad no nos enseña estos valores tan fundamentales y que nos reportan tantos beneficios. Una vez te centres y empieces a hacerlo repetidamente y a reconocer sus beneficios, no podrás prescindir. Tiene que ser algo que sea placentero que no requiera obligación y se convierta en algo voluntario, ya que de lo contrario acabarás desistiendo; esto es fundamental para tener el propósito alineado y bien alimentado.

El propósito de nuestra vida, es como la vida misma, nuestro cuerpo, si no lo alimentas y cuidas se deteriora y muere, pues es lo mismo, tu propósito necesita de tu atención plena y de tu máxima concentración, cuando te sumerjas en este nuevo estado, todo cambiará en tu vida, te sentirás muy diferente, lo que antes te afectaba tanto, lo verás de una forma completamente distinta, empezarás a ver que todo lo que sucede es algo que se escapa de tu control, porque ya estarás más lejos del ego que todo lo quiere controlar, lo considerarás parte de tu vida y de tu evolución, te notarás más consciente y pleno, estarás más alerta de lo que ocurre a tu alrededor y por supuesto cambiarás de hábitos y gustos.

Para resumir este capítulo del propósito de vida, quiero recordarte que todos estamos en esta vida para cumplir con una misión encomendada, que nos mueve una energía superior que no se percibe y que nos han enseñado que lo que no se percibe no es real. Te digo que lo real es lo interno, lo que no se ve, mucho más real que lo que percibimos con los cincos sentidos.

Muchas creencias autoimpuestas marcan nuestra vida y nuestra forma de comportarnos.

En definitiva, tienes que creer para ver y no ver para creer como nos han enseñado. Es importante tener un hábito diario que te reconecte con tus deseos internos. Alimentar diariamente esos deseos internos de forma continua y constante, en definitiva, es otra forma de vivir, otro estado de consciencia.

Ser conscientes que muchas personas se alejarán, que otras desaparecerán, que otras se quedarán, pero te ignorarán o te ningunearán y se reirán de ti, etc...., pero a pesar de todo eso, ya nada nos afectará porque sentiremos con claridad cristalina que ellos aún no están preparados para dar ese paso, que no les ha llegado su momento, tendremos que verlo y respetarlo.

Me despido de este capítulo esencial en nuestro cambio de rumbo para reconectar con nuestra fuerza interior, con una frase de uno de mis mentores y que tiene mucho que ver con el propósito de vida:

"El infierno en esta tierra es encontrarte de frente con la persona que podrías haber sido y mirarle a los ojos".

- Laín García Calvo

PASO 3

Capítulo 5

ACCIÓN Y PERSEVERANCIA

En este apartado vamos a redefinir los pasos que hay que dar para conseguir ese cambio de rumbo, el movimiento que debemos hacer para girar el timón del barco, ya que sin ese giro no se puede cambiar de rumbo.

Para que se produzca ese giro se requiere de una acción y un movimiento, después tendremos que saber esperar y no desesperar para llegar a puerto.

Eso de cambiar el rumbo de tu vida está muy bien. Sabemos que sin acción nada se consigue, pero para que podamos realizar la acción es fundamental primero reprogramar nuestra mente, para que pueda dar la orden y ejecutar esa acción. Es en definitiva la acción la que producirá el cambio, aunque yo digo que todo empieza con un pensamiento y después todo va desencadenándose.

Te contaré lo importante que es tener un plan de acción con la disciplina necesaria de la que antes habíamos hablado y que ese plan es el que nos llevará hasta el lugar que queremos.

Es máxima prioridad tenerlo, pues de ello va a depender el éxito de alcanzar eso que queremos o no, es lo que, en definitiva, va a medir el grado de importancia y deseo que sentimos para conseguir lo que nos hayamos propuesto.

La perseverancia es una prueba de fe, si eres capaz de aguantar los muchos desafíos que saldrán hasta llegar a lo que deseas.

Habrá mesetas que tendrás que cruzar para conseguirlo, momentos de tensión que tendrás que soportar, ganas de abandonar, momentos de soledad por los que tendrás que pasar, la mente saboteándote constantemente para que vuelvas a tu antiguo estado de confort, a lo de antes, a lo conocido, a lo de siempre. La costumbre de obtener satisfacción a corto plazo, que te lleva a vivir una vida de insatisfacción y no de autorrealización.

Es tu decisión, pero si has llegado hasta aquí, si estás metido en el barco, que fue a la deriva por mucho tiempo y que no quiere llegar al precipicio por propia inercia, que no quiere desaparecer sin poder ver qué otro recorrido podría hacer y descubrir nuevos horizontes, debes tomar la decisión de trazar un cambio de rumbo, que te lleve a largo plazo al gozo más absoluto.

Cuando estés viendo ese amanecer y ese horizonte cada vez más cerca, te estremecerás de placer y verás como todo ese esfuerzo ha valido la pena.

Detengámonos en esas mesetas, que te preguntarás qué significan. Las mesetas son los momentos por los que pasamos en la búsqueda de la consecución de todos los objetivos y metas que nos marcamos a largo plazo.

Cuando se trata de un cambio de rumbo tan vertiginoso y que requiere de toda nuestra dedicación para llegar a esa transformación, existen momentos después de un tiempo en el que hemos estado trabajando intensamente, que cuando ya han pasado las ganas iniciales, esa fuerza principal, ese torbellino de energía que ahora requiere mantenimiento, es cuando más difícil se pondrá.

Ya ha pasado el torrente inicial y es cuando vienen las MESETAS, son las que te ponen a prueba para que consigas eso que deseas, son las que van a hacer que sigas o abandones, son esos momentos de apatía mental, de desgana, de sentir que no quedan fuerzas y a pesar de todo debemos seguir adelante.

Aparecerá el saboteador mental, de lucha constante contra tu mente que te dice abandona, pero que sigues porque hay algo en tu interior que es más fuerte.

Las mesetas es no ver cumplidas las expectativas de lo que habías creado y de que esté sucediendo todo lo contrario, es donde la mayoría de las personas abandonan y solo siguen las que realmente están comprometidas con su propósito de vida.

Te equivocarás y dudarás de ti mismo, te preguntarás en algunos momentos, si de verdad merece la pena, ahí es justo donde todo el mundo te dirá que estás loco, no con palabras, sino con acciones y gestos, es donde posiblemente dejarán de hablarte personas que tú creías que eran tus amigos de siempre, es donde te quedarás en la soledad más absoluta.

¿Estás dispuesto a pagar el precio?, pues desde ya te digo, que sí merece la pena, que no todo el mundo está preparado para hacer un cambio de consciencia de esta magnitud, pero también te digo que, si has llegado hasta aquí, la vida y el Universo te han traído y no es por azar, es porque necesitas conocer estos principios y dar estos pasos, para confirmarte que estás en el camino correcto, para guiarte para realizar ese cambio que deseas conseguir.

Puedes hacerlo y es posible para ti, de lo contrario, yo te aseguro que no estarías leyendo estas líneas.

Ahora que ya sabes qué significa cruzar esas mesetas, lo que está muy claro es que, para poder realizarlo con éxito, todo va a depender de una cosa y que no es otra que la de ser perseverante, sin esta virtud, será complicado atravesar dichas mesetas. La perseverancia te hará aguantar cuando no veas nada con claridad, te permitirá eludir a tu saboteador mental y superar todo lo anteriormente mencionado.

Perseverancia es seguir cuando el tiempo pasa y no ocurre nada, esos son los momentos más difíciles de superar, es cuando casi todo el mundo abandona, muchos de los que lo hacen no son conscientes de lo cerca que estaban de conseguir aquello por lo que tanto se habían esforzado, por lo que tanto se habían sacrificado, por lo que tanto habían soportado. Cuando estaban a muy poco de conseguirlo, abandonan. ¿Qué les ocurrió?, les falló la perseverancia.

Entre estas personas, algunas se dedican a, cuando ven a otro que quiere conseguir eso por lo que ellos tanto lucharon y no alcanzaron, su misión en la vida pasa a ser, que nadie lo haga, para justificarse ellas mismas de que han actuado como debían, aunque en el fondo sepan que no es así y que tendrían que haber continuado, no soportan que otros logren éxitos.

Esas personas son las que cuando llegan al final de sus días y les preguntas de qué se arrepienten en su vida, coinciden en que no han conseguido ese sueño por el que un día empezaron a luchar y se han quedado con la duda de ¿qué es lo que hubiese pasado si hubiesen llegado hasta el final?

Así que te recomiendo que no tires la toalla, si no quieres vivir una vida sin significado, una vida de estar por estar, para en el fondo, que es lo que realmente cuenta, estar insatisfechos con nosotros mismos permanentemente. Una vida en la que al llegar a tus últimos días te arrepientas de todo lo que has vivido y digas, ¿esto es todo? y que ya no te quede tiempo material para cambiar nada.

Ahora que estás a tiempo, hazlo, hazlo, porque es tu momento y ya sabes que cuando empiezas no tiene vuelta atrás. Te espera una vida llena de sentido y satisfacción, solo desde un plano superior podrás ayudar a los demás con tu ejemplo de superación, con los resultados obtenidos que hablarán más alto que tus títulos y presentaciones, es cuando estarás preparado para compartir y ellos verán cómo es posible que alguien que no tenía esperanzas triunfó en su propósito de vida, con los pasos esenciales, dejando atrás todo el pasado negativo.

Perseverancia es saber que estás haciendo lo correcto, aunque nadie te lo diga, es estar conectado a la Fuente Infinita creadora, es ser humilde y mantenerse en continuo aprendizaje, es buscar la mejora constante desde la humildad, es ir un paso más allá, es actuar a pesar del dolor, es mirar y no ver absolutamente nada y decir GRACIAS. Sentir que lo mejor está por suceder y mantener la ilusión, el optimismo, la autoestima equilibrada, en definitiva, quererte a ti mismo por encima de todas las cosas y actuar por encima del dolor. Es decir, YO SOY, es creer en ti.

Así que amigo lector ya sabes que actuar y perseverar son pasos imprescindibles como todos de los que hablamos en este libro para alcanzar tu éxito personal, están todos encadenados y debemos saber que no fallan los pasos, fallan las personas.

Para realizar un plan de acción eficaz que te lleve a conseguir ese objetivo marcado es imprescindible desglosarlo en metas pequeñas y conseguir un objetivo SMART (Especifico, Medible, Realizable, Realista y Limitado en tiempo). Esto nos va a facilitar mucho el poder alcanzar eso que deseamos.

Como ya ves los cambios no se producen en cinco minutos como muchos piensan, el que te diga eso, te está vendiendo humo. Yo no pretendo que te creas nada, quiero que lo compruebes, pero desde la verdad más absoluta. Aquí te estoy desglosando todos los pasos que hacen falta para llevar a buen puerto un cambio con garantía y perdurable en el tiempo.

Es el tiempo el que hay que aprovechar al máximo, para llevar a cabo todo lo que queremos hacer, cuanto más realista sea, más específico, que se pueda medir, es decir, que se pueda contar, que tenga un inicio y un fin y que esté todo por escrito, más posibilidades habrá.

Hay que trabajar para cumplir con lo que nos hemos propuesto, esto sí es un éxito y seguro que llegarás a conseguir lo que te propongas.

En el transcurso de todo este libro te darás cuenta de que se trata de una transformación total interna, donde se tocan valores esenciales a los que antes no prestábamos atención y que son esenciales para cambiar nuestro estado de consciencia autoimpuesto y por tanto erróneo, ya que no nos está dando lo que realmente queremos.

Tener un plan de acción definido como estrategia para enfocarse, es fundamental para recuperar el sentido de la vida, definir objetivos y trazar planes de acción para llegar a ellos.

La diferencia entre quienes se marcan objetivos como filosofía de vida y quienes no, es evidente, ya que los que sí lo hacen tienen un buen estado de ánimo y viven más años. Tener un objetivo por el que levantarse es algo que te beneficia en todos los aspectos de su vida, tienen menos estrés y no suelen acarrear con enfermedades crónicas.

Todo esto cuando lo vas integrando gradualmente, te permite dar un giro, poco a poco te encamina en otra dirección, para poder realizar los cambios con más rapidez, cuando ya se sabe más o menos dónde queremos ir y qué queremos conseguir.

Muchas personas realizan un proceso de Coaching, para que el acompañamiento del Coach les facilite el camino y lleguen más rápido y con más seguridad a lo que desean con toda su fuerza y energía.

La verdad es que aun hoy día, en que ya es mucho más conocido y todo el mundo o casi todos saben lo que es el Coaching, las personas desconocen el gran poder que tiene esta alternativa para todo y la potencia transformadora que supone marcarse retos, objetivos, metas y planes de acción.

Tendemos mucho a dispersar nuestro foco, a vivir con lo que nos es conocido, a manifestar casi siempre lo mismo, a no salir de ese círculo autoimpuesto, a cumplir con los estigmas sociales y cuando nos incitan o hablan de la posibilidad de hacer un cambio radical para nuestro beneficio, lo vemos como una locura y nos entra el peor de los miedos. Nuestra mente está dogmatizada con lo mismo de siempre, nos dice que es una locura pensar en hacer cosas que normalmente no se hacen o que no son socialmente aceptadas o conocidas, con ejemplos como: ¡Eso no me va a servir de nada! ¡Eso es para gente con más estudios! ¡Yo no valgo!

Lo que a esta sociedad le conviene es tener mucha gente dormida y autómata, se casan, van a trabajar de forma rutinaria y a disgusto, algo que aborrece la gran mayoría, crían a sus hijos y esperan a jubilarse, para posteriormente dejarse morir sin ningún sentido ni propósito de vida ni de crecimiento. Se les pasa la vida y no la han aprovechado.

Para la gran mayoría que nos formamos en Coaching, cuando salimos de esa transformación tan maravillosa, esa experiencia tan intensa y transformadora (se lo recomiendo a todo el mundo), ya nada es igual. Me lo dijo el primer profesor que tuve en el Módulo 1: "Alejandro cuando termines esta formación no vas a ser el mismo que la ha empezado".

Yo pensaba que estaba exagerando, pero ahora con el tiempo y mirando tranquilamente hacia atrás, veo que tenía razón, jamás pensé que me sostuviese con toda esa hazaña y que ayudaría a muchas personas a encontrar un sentido a sus vidas, que escribiría libros y que estaría dando conferencias. Es una experiencia de vida maravillosa, y sobre todo el poder acceder a un ambiente tan y tan distinto al que tenía, como la noche y el día, y que este sería definitivamente el ambiente acorde a mí y a mis principios.

¡Guau! Impresionante ese cambio de rumbo, en el cual estoy trabajando intensamente, para que tú experimentes lo mismo, y no digas, no es que…, es que nada, si yo he podido, que pasé de no querer vivir, de ni mirar a absolutamente a nadie, de querer decir adiós para siempre y casi que lo consigo, tú también puedes, porque no soy más ni mejor que tú, en el fondo todos somos tremendamente parecidos, más de lo que creemos. (La vida tenía preparada otra cosa para mí).

Así que, llegados a este punto, espero que ya te hayas decidido a acercarte al timón del barco que ves en la portada y que lentamente, pero sin parar, está girando y cambiando el rumbo hacía un destino mejor, en esa noche oscura del alma donde ya no se puede ver ni sentir más que dolor, miras hacia arriba y ves una luz de esperanza que te ilumina y te inspira para dar ese giro que te llevará a la mejor versión de ti mismo.

La vida nunca se equivoca porque algo superior a nosotros que mueve el mundo, hace que cuando menos lo esperemos veamos ese rayo de luz y podamos pasar a vivir plenamente.

En mi caso durante esa noche oscura del alma, cuando realicé ese cambio de rumbo, aprendí muchas enseñanzas, entre ellas la que siempre llevo conmigo grabada a fuego y la que siempre mantengo viva y es que nadie, absolutamente nadie, va a tener el poder de hacer que yo me sienta mal o frustrado por el comportamiento de otros. Yo tengo un propósito de vida interno y estoy unido a él desde ese día, en el que me prometí que jamás volvería a sentir ese dolor en el alma que sentí, aunque me costara la vida entera, yo iba a luchar por mis valores y por mi estado de satisfacción interna, independientemente de lo que ocurriese fuera de mí.

Así que a veces la vida nos pone a prueba con batallas muy duras, pero son las que necesitamos para despertar del letargo. Algunos necesitan más unas batallas que otras, pero la vida dispone la situación que cada uno necesita.

No ignores las señales de la vida y aprovecha ese momento de dolor que te ha dado, para dar ese giro necesario. La mayoría llegados a este punto reaccionan y muchos consiguen esa ruptura que les impulsa al mayor de los éxitos, otros en cambio ignoran las señales y su vida acaba muy mal o muy pronto, en el peor de los casos, como pudo ser el mío.

Yo considero que volví a nacer, pues como ya os conté, sentí como salía de mi cuerpo durante unos veinte segundos y eso es algo que no se puede explicar. Lo que uno siente, hay que vivirlo, ya que es algo fuera de lo imaginable, así que desde ese momento entendí que había vuelto para dar algo diferente a lo que estaba dando y desde luego sé que soy otra persona, que me comporto de forma muy diferente a como lo hacía, siento de manera distinta y nada tengo que ver con el que era. Aún no puedo creer que eso me pudiese suceder, hoy en día cuando lo pienso, me quedo perplejo.

Espero que tú no hayas tenido que pasar por situaciones tan adversas como las que he tenido que pasar yo, mi mayor satisfacción sería que esta lectura activara en ti ese clic, que te hiciera cambiar el rumbo y decidieras vivir una vida acorde con tus principios y valores, que, si no has llegado a ese punto catastrófico, no llegues nunca y a poder ser, todo gracias a leer estos pasos esenciales.

Por otro lado, quiero hablarte de que todo este cambio de rumbo está basado como todo cambio interior, por principios metafísicos, como la ley de dar y recibir o la de la siembra y la cosecha, que son lo mismo y que se conocen como "Causa y Efecto".

Todo lo que sentimos en el interior desde lo más interno de nuestro ser, tiene un efecto en el exterior, por tanto, es la ley de la siembra y la cosecha.

Cuando veas en el árbol del manzano que los frutos que ha echado no te gustan, que son pocas manzanas y muy malas, no intentes cambiarlas arrancándolas y tirándolas, porque volverán a salir en la misma cantidad e igual de malas. ¿Dónde estaría el problema entonces?, es obvio ¿no?, hay que ir a las raíces, a las semillas, hay que cambiar lo que no se ve, lo interno, que es lo que al final da el resultado exterior.

La misma naturaleza es una escuela de vida, si prestáramos más atención a lo simple viviríamos con más calidad y mejores valores.

Lo que sucede es que en un mundo como este eso es muy complicado de hacer, lo simple es lo más complicado, parece de risa ¿verdad?, pues así es esta vida.

Volviendo al manzano, ya que es todo un ejemplo, igual que sucede con el manzano sucede con nosotros mismos, somos parte de este Universo y actuamos igual que la propia naturaleza, cuando lo de dentro no es lo más correcto, cuando las creencias y los valores internos, no son los adecuados, lo que manifestamos en la vida no es lo que realmente nos gustaría manifestar.

Nunca nos paramos a ver el por qué me sucede esto a mí. Nunca miramos hacia dentro, siempre buscamos fuera, culpando a algo externo, pero toda solución está siempre dentro de nosotros, hay siempre una solución espiritual para cada problema, eso decía mi mentor Wayne Dyer, que en paz descanse, ¡cuánta sabiduría nos dejó compartida! Gracias Wayne Dyer, por tantísimo bueno que hiciste por este mundo, espero que cuando yo parta de este plano, me recuerden igual que a ti.

Resumiré un poco este capítulo en el que he hablado sobre que sin acción nada se consigue, que por mucho que le pongamos toda la intención del mundo, por mucho que queramos que todo cambie, si no damos ese pequeño paso nada cambiará, que una vez que hayamos decidido darlo, es muy importante respetar el tiempo del Universo y que la perseverancia es un don que no todo el mundo tiene.

Perseverar es imprescindible para lograr cualquier objetivo, es también un beneficio para la salud, ya que las personas perseverantes tienen unos valores y una forma de ser muy diferente. No entran en disputas ni en competencias, tienen un nivel de estrés más controlado, y por tanto mejor salud.

Todo acto que realicemos tiene sus consecuencias, es la ley de causa y efecto, con el ejemplo, de que todo cambio que queramos realizar en el exterior tiene que hacerse primero en el interior, que todo lo que manifestamos fuera es una consecuencia de una causa interna.

Con esto concluimos este capítulo que espero que te haya servido para poner los pies en la tierra y empezar a dar los primeros pasos hacia tu satisfacción personal interna.

Recuerda que puedes ser feliz sin motivos aparentes, que puedes sentirte acompañado estando en la soledad más absoluta, y al contrario también, que puedes estar rodeado de muchísimas personas y sentirte en la más triste de las soledades, que todo va a depender de tu estado interno, y de cómo lo alimentes.

Repetiré esto durante todo el libro muchísimo, para que tu mente se familiarice con estos términos y palabras, para que te influya más en tus decisiones, para que puedas salir de tu mente egoica y de tu zona de confort.

Debes ser el dueño de tu vida y llevar el timón del barco y no dejarlo nunca más a la deriva, a partir de ahora puedes decidir realizar una acción consciente y sin apego a los resultados, acercándote de forma real a lo que quieres conseguir lo que es un **objetivo SMART**, (especifico, medible, alcanzable, relevante, medible en el tiempo). Dividirlo en pequeñas metas alcanzables, lo que se conoce también en Coaching como método kaizen, que es la mejor forma de llegar a donde tú quieres y saber que vas en la dirección correcta.

Espero que trabajes en tus metas y que descubras una nueva forma de vivir, de sentir, de actuar y por tanto de cosechar nuevos resultados que serán los que te darán la satisfacción suficiente para continuar.

PASO 3

Capítulo 6

VALENTÍA ANTE LA ADVERSIDAD

Es necesario armarnos de valor para llevar a cabo este reto, hay que tener mucho coraje para cambiar los patrones autoimpuestos durante tanto tiempo. Aquí entra mucho en juego la mente egoica, ese ego que nos limita nos confunde y nos paraliza en la mayoría de las ocasiones y nos hace dudar.

Ante la duda la mente egoica gana siempre ya que tenemos inculcado el miedo al rechazo, por eso sé que es un acto de valentía toda transformación personal interna, por todas las creencias que hay que romper, por las limitaciones que hay que superar, por los aprendizajes que integraremos, por la conexión interna que alcanzaremos, por los logros que conseguiremos y por muchas cosas que iremos superando. ¡Es un acto de verdadero valor!

Van a ser muchos los momentos adversos que atravesemos, muchos, muchísimos, más de los que podríamos imaginar. Horas de soledad, muchos rechazos, verás la verdadera cara de las personas y no podrás creerlo en muchas ocasiones, pero eso ya no te afectará, al revés, te gustará ver esa verdad que antes se disfrazaba y de la que no te dabas ni cuenta.

Es ahí donde podrás constatar lo que ha cambiado tu estado de consciencia y ha cambiado tu vibración; estás evolucionando y es todo un reto. Es algo difícil de entender, pues es donde más sucesos difíciles de superar ocurren, pero paradójicamente es donde menos dolor experimentas, entonces te das cuenta de que todo depende de la interpretación que le damos a las cosas, y que muchos de los sufrimientos experimentados eran por esa mala interpretación que le dábamos.

En la mayoría de las ocasiones hacíamos de un suceso que no tenía apenas relevancia, un castillo, pero en los momentos en que ya sabes que has avanzado, aunque sea solo un poco, es donde más claro ves el panorama, donde más ganas de seguir con esta evolución sientes, es donde dices, "me hago fuerte ante los desafíos y ante las adversidades".

Vas a lograr ver tu propósito y estarás más vivo que nunca, comprenderás que todo lo que te ha sucedido y está sucediendo es un aprendizaje que debes integrar, vuelves a tener esas ganas de seguir adelante, te alegras de todo lo que te sucede pues lo interpretas de otra manera, vibras de otra manera y sientes de otra manera, en definitiva, vives otra vida totalmente distinta.

Valor es sacar las agallas, no cuando están haciéndote algo, si no cuando la vida te desafía realmente con fracasos de los que te sientes responsable, sin que nadie haya influido, es ahí donde aprietas los dientes y aunque tengas ganas de que te trague la tierra, no huyes, no te escondes, no montas en colera hacia los demás, sino que decides sentir la emoción.

Te cuestionas cómo puedes salir de eso y automáticamente tu mente se activa para solucionarlo.

Sacas a relucir la creatividad, sacas a flote la fuerza interna que estaba dormida y un montón de recursos, a los que no estabas acostumbrado y ni siquiera sabías que los tenías dentro, ya que siempre actuabas desde la comodidad y huyendo de tener que enfrentarte a momentos difíciles y dolorosos.

Son muchas las adversidades que superaremos, cada uno distintas, en mayor o menor grado, pero casi todas muy parecidas, en mi caso cuando aún no había iniciado este camino, la vida ya sabía que iba a pasar por él.

La vida siempre sabe más que nosotros, aunque creamos que sabemos mucho más que la vida, eso nunca será posible.

Un día normal, cuando me encontraba trabajando en la hostelería, recibí una llamada a las 9:00h am. de un primo mío con el que hacía años que no hablaba. En ese momento un escalofrío recorrió mi cuerpo. Supe que algo terrible había sucedido, aunque no lo quería creer, lo sentí dentro de mí.

Me engañaron para que en el trayecto hasta llegar a casa de mi madre no estuviese aturdido, pero muy dentro de mí sabía que algo no iba bien. Llegué al barrio de toda la vida, donde me crie y donde viví durante 28 años. No podía ni imaginar lo que me iba a encontrar. Advertí un coche fúnebre a lo lejos, en la esquina, realmente mi mente quería distraerme para protegerme del dolor que estaba sintiendo, pero mi alma sabía que mi madre había fallecido.

Un infarto fulminante se la llevó a los 63 años. No me pude despedir de ella, fue muy duro, cuando bajé del coche y me fui acercando al portal, vi de lejos una masa de gente agolpada, algo no común en un día laboral. Irremediablemente comencé a llorar desesperado, ese golpe no me lo esperaba, pero lo peor es que todo el mundo te mira y nadie te dice nada, no hacía falta, con la mirada lo decían todo.

La puerta de mi casa estaba abierta y llena de vecinos y familiares, pregunté con tono desafiante y fuerte, ¿dónde está mi madre?, del cuarto salió abatido como jamás lo había visto, mi padre, y me dijo (nunca lo olvidaré), tu madre está muerta.

Jamás había sentido esa sensación inmensa de dolor interno, que me traspasó el alma, yo no lloraba, eran quejidos de dolor enormes, por el sufrimiento que me estaba traspasando. Más tarde, según me dijeron los vecinos se escuchaban mis llantos desde la entrada al barrio que estaba a más de ochocientos metros de distancia.

En estos momentos al contarte esta historia de forma tan detallada, cosa que he sentido la necesidad de hacer, me he emocionado, pues mi alma se ha trasladado a esa situación del pasado y la he vivido como real, estoy llorando y sintiendo ese dolor, aunque hayan pasado ya más de cinco años.

Esta fue una de las primeras adversidades que la vida tenía preparada para mí, y desde ahí todo fue de un calvario a otro, con pausas, pero cada vez sintiendo más vacío interior y con más dolor en el alma.

Cuando os digo que yo ya no creía que podría salir de la situación en la que me encontraba, no hablo en broma. Caí en un pozo sin fondo desde el que no veía luz. Todo fue un sinvivir enorme, relatos que os iré contando a lo largo del libro, ya que no quiero que sea un monólogo de mi vida, pero sí quiero puntualizar los detalles importantes para que se comprenda todo.

Mi misión en este libro es contarte todos los pasos que hice y que me sacaron de ese pozo, del que yo no imaginaba que había una mínima esperanza de salir.

Después de ese suceso, yo me encontraba en periodo de recuperación y llevaba una etapa muy buena con mi adicción parada. Me esperaba un infierno en la recaída más dolorosa y fulminante que he vivido. No fue de repente ni instantáneo, fue mucho después cuando verdaderamente sientes la pérdida, cuando pasa un tiempo y la aceptas.

Lo cierto es que mi mujer se dio cuenta del dolor por el que había pasado y estaba asustada por una recaída mía. Yo le decía que no iba a recaer por eso y fue cierto. En ese momento yo no estaba viendo lo que más adelante me iba a suceder, estaba muy verde para otro golpe de la vida.

Cuando pasaron unos meses, es cuando realmente me di cuenta de que eso era real, porque antes lo viví como un sueño, no fui consciente hasta que empecé a ver mi padre a solas en la casa, cuando mi teléfono ya no sonaba y aun así escuchaba su voz.

Os quiero contar esto para que veáis cómo uno no ve lo que realmente siente por dentro hasta que al final acaba manifestándose. No debes guardar el dolor y más en mí, que en aquella época aún era muy novato para saber cómo parar mi adicción.

Yo pensaba que estaba fuerte, cuando sentí realmente esa pérdida es cuando mi mundo se vino abajo de una forma fulminante. Tuve la peor de las recaídas que duró varios años de autodestrucción compulsiva y que me llevó a la situación que anteriormente os conté, a esa experiencia cercana la muerte, que afortunadamente me hizo renacer de nuevo.

Y aquí estoy compartiendo mi historia con vosotros, ni imagináis por todo lo que pasé, no voy a entrar en detalles, porque si no tendría que escribir cinco libros seguidos, pero fue una negación total, no quería saber de nada, ni de nadie, me negaba a vivir, me quería autodestruir.

Las personas que ya eran adictos dados por perdidos no querían estar conmigo, decían que así no duraría ni un mes. No es de extrañar, que solo los que tenían la vida completamente desahuciada, eran los que me escuchaban, era como oírlos decir, ¡uno más entre nosotros! Imagináis como estaba.

Todo el calvario que viví, ahora que lo escribo y lo puedo ver desde la distancia, no consigo evitar que se me ponga el vello como escarpias al revivir esta historia.

Así querido lector, quiero que sepas que estés pasando por lo que estés pasando, porque todos tenemos historias difíciles de superar, te digo que se puede salir y no de cualquier manera.

Si ha sido o es un desafío el que ha marcado tu vida de una manera trágica como me sucedió a mí, puedes salir reforzado de esa situación y coger todo ese dolor para integrarlo como algo por lo que jamás querrás volver a pasar. Si lo grabas a fuego con un gran impacto emocional en tu cerebro y en tu inconsciente, automáticamente tu mente te llevará a situaciones totalmente contrarias, lo más alejadas de eso posibles.

Ocurre de una forma que no sabes ni cómo sucede, pero ocurre. Se convierte en un impacto que ha quedado grabado con fuego y por el que has sentido mucho dolor, no físico, si no un dolor que va más allá de lo físico, el dolor del alma, como yo lo llamo.

Así que, en ese cambio de conciencia experimentado por un impacto emocional, te armas de valor sin querer y aunque hagas cosas que son de mucho riesgo y que la mayoría de la gente no haría, tú las haces, por que has vivido un dolor muy superior, por el que no todo el mundo ha pasado, por lo tanto, el valor forma ya parte de tu vida y pasa a ser algo natural.

Puedes sentir como te conviertes en algo totalmente diferente a lo que eras antes y ello es debido a ese dolor del que tu mente intenta protegerte siempre y que no quiere volver a revivir.

Es por eso por lo que se dice muchas veces y con mucha razón que, hasta que el dolor de estar metido en una adicción activa (es decir consumiendo, jugando, con la adicción que sea), es más fuerte que el dolor de no estarlo, no te convencerás de que puedes transformar tu vida y encontrarle un sentido.

"El que busca no debe dejar de buscar hasta tanto que encuentre. Y cuando encuentre se estremecerá, y tras su estremecimiento se llenará de admiración y reinará sobre el Universo".

- Evangelio perdido de Santo Tomás

(Del libro La voz de tu alma)

- Laín García Calvo

Por eso querido lector no dejes de buscar, porque esa búsqueda incesante, es lo que me ha salvado y no pararé de buscar hasta encontrar, y siempre estaré inmerso en un continuo aprendizaje, pues como te he dicho, el vivir con sentido, con un propósito, es algo que tiene significado y que te mueve a seguir buscando.

En eso consiste la esencia de la vida, en que para ti tenga sentido lo que haces, si no lo tiene, estás aún a tiempo.

Son muchos los momentos que hacía tiempo que no recordaba, pero si han salido aquí, es porque el cerebro lo guarda todo y sabe en qué momento es mejor sacarlo. Es conveniente de vez en cuando mirar atrás y ver el camino recorrido, es bueno recordar que esos malos momentos son también parte de los buenos que estás viviendo ahora.

La vida te va a dar lo que realmente te hace falta para llevarte a donde debes ir, a cumplir con lo que has venido a hacer en esta vida. Confía en la Fuente Infinita creadora que todo lo mueve, te da y te quita en el momento preciso, para que todo se cumpla exactamente como está establecido. No luches contra ella, déjate ser vivido, déjate fluir y todo será como tiene que ser.

La valentía de levantarse ante los mayores obstáculos, de salir adelante a pesar de las caídas, lo que llamamos resiliencia es un don que nos da la vida a las personas que realmente estamos comprometidas, a las personas que creemos que tiene que haber algo más, que no puede ser todo según lo establecido. Así es cuando sabemos que ese cambio de rumbo que estamos realizando, tiene todo el sentido y no estamos dispuestos a renunciar a él. Es un sentimiento superior, otra clase de energía renovada y es por ello por lo que ya no estamos dispuestos a volver a pasar por donde estuvimos anteriormente.

No vamos a continuar creyendo lo que querían que creyésemos. Es como salirse del rebaño y continuar con tus propias creencias, apoyadas siempre por una fuerza invisible, que tú sabes que nunca te fallará, que nunca te abandonará y que nada va a ser como antes. Tú ya no eres la misma persona y ya no hay marcha atrás pues estás viviendo en otro estado de consciencia.

Hay que estar siempre lúcidos ya que en estos momentos vamos a tener que ser muy valientes, pues en este nuevo cambio de rumbo y de consciencia, el entorno que nos rodea no va a comprender lo que decimos, lo que hacemos y cómo nos expresamos. No va a comprender estos cambios que estamos realizando y por tanto empezarán los rumores y las habladurías. Empezarán, tal y como hemos comentado anteriormente, a darnos de lado.

A pesar de ello nosotros tenemos un objetivo claro y sentimos que hay algo superior que nos apoya, sentimos la fuerza y valentía suficientes para afrontar cuantos problemas se nos presente. No será algo forzado para nosotros, como anteriormente lo era en el otro estado, que, para tener valor, tenías que sentir ese miedo y pararte a pensar lo que podría ocurrir.

Vendrán tiempos difíciles y adversos, muchos, todo se pondrá cuesta arriba, pero es lo que vamos a superar lo que nos va a hacer más fuertes, lo que va a hacer que nos transformemos y por tanto que vibremos en un nivel diferente al denominado como normal.

Todo esto lleva impulso porque dentro de nosotros hay un sentir de un dolor indescriptible, que ya no estamos dispuestos a repetir, solo el que ha pasado por dicho dolor, podrá comprender lo que estoy relatando en estos momentos.

Dicho dolor es el que nos está empujando a hacer ese cambio de rumbo, es como reconectar con nuestra esencia perdida, como si la vida te apoyase cuando ha visto que tú respondes al llamado, que en muchas ocasiones no habíamos atendido y que nos volvía a poner en situaciones parecidas y cada vez peores para ver si nos dábamos cuenta de que vivíamos en total desconexión.

Por lo tanto, llegados a este punto, lo mejor que podemos hacer es dejarnos llevar por ese llamado al que queremos servir, dejar que suceda lo que tiene que suceder y seguir en nuestro estado de manifestación y paz interior, que nos acompañará durante todo el recorrido que nos quede en este plano de vida.

Es una adversidad conocida ya que somos conscientes que pasaremos por ello, ya que en todo momento somos más conscientes que nunca que estamos rompiendo barreras antiguas muy arraigadas y que cuestan mucho de destrozar.

Sabemos que este cambio de rumbo no será un cambio como otro cualquiera, sino que será necesario y por destino, todo lo que sucede en nuestra vida está destinado a suceder para nuestra mayor evolución.

Para ir cerrando este capítulo, quiero animarte desde aquí y decirte que no importa dónde te encuentres en este momento, no importa en la etapa de la vida que estés, si sientes ese llamado a realizar un cambio en tu vida, debes hacerlo.

Estos pasos esenciales sirven tanto para superar las adicciones y/o codependencias como cualquier otra situación por la que estés pasando y con la que te sientas atascado emocionalmente.

Están basados en mis vivencias personales, en ese cambio que realicé y seguiré realizando mientras esté en este plano de vida, y en los aprendizajes que he experimentado en el camino. De cómo me han servido las formaciones realizadas sobre este tema de crecimiento personal y los cientos de libros leídos al respecto, con una dedicación continua y constante para poder compartir todos estos conocimientos y vivencias, tanto materiales como espirituales.

Para mí es una experiencia que está equilibrada entre lo material y lo espiritual. Llevo años investigando cómo poder ayudar de otra forma y desde un estado de consciencia distinto, para que dicho cambio permanezca en el tiempo, para que la persona que practique estos pasos realmente haga ese cambio desde su ser interno, con convencimiento propio, sin directrices, sin consejos, sin prohibiciones.

Debe suceder desde sus propias conclusiones, desde el darse cuenta de que es posible realizar dicho cambio, con consciencia propia, desde su YO más interno, desde la convicción de que eso conllevará un tiempo a medio, largo plazo, desde su realidad más absoluta, con claridad y desde su propia conclusión.

Estos son los cambios permanentes que hacen que te vayas superando poco apoco y estés inmerso en un estado de satisfacción sin retorno, donde tú diriges el timón de tu barco, donde tú eliges el rumbo para que ese barco ya no vaya a la deriva. Sacarás los recursos internos escondidos en lo más recóndito de tu ser y los pondrás a tu servicio.

Ahí es donde reconectas con todo lo que realmente te hace sentir bien, es ahí donde decides qué vas a hacer en esta vida y qué es lo que para ti tiene valor.

Espero que eso sea lo que te dé sentido para levantarte cada día, es ahí donde el valor para superar la adversidad sale de forma natural, donde empiezas a fluir con la vida desde otra perspectiva, donde todo se vive sin esfuerzo y sin competición. Se vive desde la certeza más absoluta.

Para mí la valentía ante la adversidad es:

Creer en ti mismo con tanta fuerza, que nadie pueda dudar de lo que piensas, dices y haces.

Escuchar esa voz que nace desde muy adentro y que sabes que te llevará por el mejor de los caminos.

No tolerar más lo que no me hace sentir bien.

Es decir, y hacer lo que piensas, sientes y lo que amas sin apegos al resultado.

Saber diferenciar la voz saboteadora que no te deja avanzar.

Levantarte una y otra vez de las caídas, manifestar los sentimientos sin reprimirlos y aceptar que la vida suceda sabiendo que todo es como debe ser.

Confiar en una consciencia superior que hará que no desfallezcas.

Respetarte, amarte, quererte, valorarte, aceptar lo nuevo y dejar que se vaya lo que ya no nos pertenece, sin apegos, sin reproches, sin lucha, solo aceptando la vida tal cual es.

No esperar nada de nadie, más que de uno mismo.

"Cuando me amé de verdad, comencé a liberarme de todo lo que no fuese saludable: personas, situaciones y cualquier cosa que me empujase hacia abajo. Lo llamaron egoísmo, yo lo llamé amor propio".

Sin transformación no puedes hacer posible lo imposible.

Sin perderte no puedes reencontrarte.

Sin el derrumbe de una realidad no puedes construir otra.

PASO 3

Capítulo 7

ENFOQUE Y OBJETIVO

Es esencial poner nuestro foco en una cosa para que la energía no se disperse y podamos conseguir los objetivos en menor tiempo y con menos esfuerzo. Si ponemos foco en aquello que realmente queremos, entonces llegaremos mucho antes al sitio que deseamos.

No es nada fácil enfocarse en un objetivo sin dispersarse en algún momento, por mucho que deseemos dicho objetivo, tendemos a dispersarnos, a distraernos.

En este punto entra mucho en juego la disciplina, que tanto beneficio me hubiera dado si la hubiese seguido practicando, pero que en un momento de mi vida en el que perdí el foco, me dispersé y perdí mis objetivos y con ello todo acto de disciplina.

Mucho tuvo que ver ahí lo que anteriormente hablamos de los estigmas sociales, los valores autoimpuestos, las creencias limitantes y todo lo que en un momento de tu vida te parece que es más fácil y decides tirar por el camino ancho que a la larga te llevará a vivir las peores dificultades como me sucedió a mí.

Así que aquí hablaremos de la importancia de tener un enfoque claro, un objetivo que queramos culminar y que nazca desde dentro, de los instintos más profundos, que conecte con nuestros valores y que el solo hecho de pensarlo nos haga vibrar de emoción.

Como habrás comprobado me he extendido bastante en lo relacionado al objetivo, ya que no vale cualquier objetivo que parezca interesante, así al azar. El objetivo ha de ser claro y conciso, realista, medible y alcanzable, en un lugar en el tiempo, es decir con fecha de finalización. Aparte de esto no vale un objetivo que me guste superficialmente, sino, no estamos haciendo nada para hacer un cambio de rumbo en la vida.

El objetivo que deseas conseguir debe nacer desde muy adentro y emocionarte, es el camino que recorres el que te va a transformar, no el hecho de conseguirlo, sino en quién te convertirás una vez hayas llegado.

Deben ser objetivos a medio y largo plazo, objetivos motivadores, para que en el camino hasta llegar a ellos no te vengas abajo y no abandones al primer obstáculo.

Ya hemos hablado anteriormente de este tema, lo que sí quiero exponer muy claro es que el enfoque es crucial, aunque estés al principio y lo veas aún muy lejos, todos los actos que realices en tu día a día tienen que estar en consonancia con poder acercarte un poco más a lo que quieres conseguir.

El acto de hacer esta tu forma de pensar e integrarla en tu mente, va a facilitarte mucho el llegar a conseguir eso que tanto deseas. Las preguntas que nos debemos formular cuando estemos realizando cosas diferentes, mientras trabajamos en nuestros objetivos son:

¿Cuánto me acerca esto que estoy realizando en estos momentos a mi objetivo?

¿Qué relación tiene lo que estoy realizando con lo que realmente quiero?

¿Cómo puedo cambiar lo que hago para acercarme más a mi objetivo?

Es fundamental cuestionar nuestras acciones para ver en qué punto nos encontramos, con respecto a lo que realmente queremos y ser sinceros y honestos en nuestras respuestas, para poder así realizar los cambios pertinentes que creamos necesarios.

Lo que sucede en la gran mayoría de los casos es que no estamos acostumbrados a cuestionarnos a nosotros mismos. No es algo natural mientras estamos en un estado de consciencia aprendido y tampoco es algo que te enseñen en el sistema educativo. Así que, si lo incorporamos, cuando realicemos este cambio de rumbo hacia nuestra mejor versión, nos vamos a facilitar mucho el camino hacia la consecución de lo que realmente queremos.

Es un trabajo intenso y enorme encontrar el objetivo que realmente conecte con nuestros valores. Debemos auto indagar mucho en lo que realmente nos llena y hacer un trabajo introspectivo con mucha honestidad, no nos podemos mentir en esto ni dudar, ya que es fundamental que ames lo que deseas, para transformar tu vida de una forma que sea satisfactoria.

Lo que a mí me ayudó, fue estar tranquilo, cuando iba a decidir claramente si eso que sentía estaba equilibrado con lo que realmente me apasionaba, empecé a recordar que siempre me volcaba desde muy pequeño de forma natural en que las demás personas estuvieran en calma y en paz y que no sufrieran por problemas.

Sentía claramente que quería ayudarles y me interesaba mucho por ellos, ofreciéndoles soluciones. Entonces supe que realmente me iba a dedicar a algo que era mi don natural, independientemente de lo que costase llegar a realizar exclusivamente eso.

Considero que es un don que nace de dentro de mí y por eso decido dedicarme a ayudar a las personas que han pasado o están pasando por lo que yo pasé.

De hecho, el vivir con objetivos me ayuda a tener foco, me ayuda a recordar mi propósito de vida, me da un plus y sé que mi vida tiene sentido. Soy más consciente del valor del tiempo, del valor del trabajo con pasión, del valor de la familia y de todo lo que conlleva el acercarte a dicho objetivo.

Aprendes a programarte, a emplear tu tiempo y miles de beneficios más. Si no tuviese dicho objetivo o propósito, sería el

¿para qué lo hago?, lo que le daría ese sentido a mi vida y lo que me haría moverme, sentirme vivo.

Creo que esto es fundamental cuando estás dejando una adicción y solo has parado el consumo, pero aún estás apático, no consumes, no juegas, no tienes la adicción en activo, pero eso no te aporta los valores que anteriormente he descrito, por tanto, no sirve de nada haber parado la adicción, tiene que haber un ¿Para qué?

Debemos romper todos los límites, por eso el objetivo debe ser emocionante, y es esta nueva forma de vivir la que va a hacer que tu mente no tenga tiempo de darle pie a la adicción, porque ya sabes que esta es más psicológica que otra cosa, y que, si estás centrado y enfocado en hábitos totalmente distintos, estos cambiarán tu forma de actuar, de hacer y de pensar.

Así que esto del enfoque y del objetivo es uno de los puntos que más puede que cueste al principio, ya que nuestra mente lleva mucho tiempo sin trabajar en zonas nuevas y desconocidas, buscando la satisfacción inmediata a cada instante, no sintiéndose cómoda en un ambiente diferente por completo, y este cambio tan distinto es una amenaza para ella.

Puede sabotearte una y otra vez para que desistas y lo hará muy bien, créeme, la única forma que tienes de no ceder ante dicho sabotaje es que tu propósito sea más grande y tenga más fuerza que cualquier pensamiento, que cualquier situación externa. Es eso y no hay marcha atrás, pase lo que pase, eso va a hacer que te reconozcas mucho más a ti mismo y va a conseguir que descubras que eres mucho más fuerte de lo que habías pensado en un principio.

Es un punto de partida y también es el punto en el cual se quedan muchas personas ante la duda y la indecisión, el que cae en dicha duda, recula hacia atrás, así que, le ganó la batalla el saboteador, por eso te digo que este paso es el más complicado de superar y que si lo pasas y consigues salir con fuerza hacia adelante, tienes mucho ganado.

Puedes pensar que son demasiadas cosas que superar, que esto no va a ser posible para ti, como ya te dije, esto es una carrera de fondo, no de velocidad, para superarlo mejor y llevarlo con más éxito, es recomendable valorarse mucho al principio, premiarte por los pequeños logros y regocijarte de las nuevas sensaciones.

Saber integrar la soledad que vas a experimentar, ya que no todo el mundo está dispuesto a renunciar a personas que ya no vibran en su sintonía, la mayoría ven como esas personas que pensaba que iban a estar a su lado toda la vida se marchan o le dan de lado y por ello renuncian a seguir con este cambio. Muy pocos están dispuestos a hacerlo.

Ten en cuenta que la vida es tuya de nadie más y que solo vas a estar una sola vez en este mundo, que, si se van unos, otros vendrán y que lo importante es que tú estés en armonía con lo que haces y con lo que quieres conseguir, que mientras sucede el cambio, vas a experimentar muchos momentos de soledad que chocarán contigo al principio, pero que después vas a valorar.

Esto no quiere decir que tengas que renunciar por completo a tus familiares más cercanos y dejar a tu conyugue, hijos etc.., nada de eso, yo no lo he hecho, pero sí que me he desapegado de lo que no me conviene o perjudica. Tengo presente en todo momento el cambio que estoy realizando y la transformación, el para qué lo hago, sin dejar que ninguna causa externa me paralice y me saque de mi centro, doy mi vida si es necesario, prefiero morir siguiendo mi propósito del alma, que seguir en una vida de apariencia y sin sentido verdadero.

Sabes que te apoyo en todo momento, querido lector, si has decidido seguir adelante, por qué vas a experimentar la libertad de sentir, de pensar, de actuar, acorde con tus valores principales, a lo que nace de dentro de ti, y eso es algo indescriptible.

El enfoque y un objetivo es una forma distinta de ver la vida, es algo por lo que debes apostar ya que una vez que realizas el cambio de ver y afrontar la vida, ese cambio es para siempre y desde ese momento ya no volverás a hacer, pensar y sentir con el viejo paradigma.

Cuando yo conocí el Coaching y empecé en este mundo de los objetivos y del despertar de la consciencia tan diferente a lo que hasta el momento había vivido, sucedieron una serie de sincronicidades que me acompañaron para entrar en este nuevo mundo.

Si ahora lo pienso y lo miro con detenimiento al pasar el tiempo, todo ha ocurrido para poder llegar a este preciso momento, todo está sincronizado, para que esté donde estoy hoy, aquí escribiéndote desde la inspiración del Universo.

Ten en cuenta que esto es un mensaje de la vida para ti y que lo está haciendo a través de mí, yo solo soy el medio que el Universo ha considerado apropiado para transmitir lo que te está llegando.

Mi intención es que al final de esta lectura llegues a la conclusión de conocer qué mereces hacer en este plano de vida, y que sea la mejor decisión para ti.

Ya te digo que si has llegado hasta aquí es por algo, que es un llamado de algo superior a que cambies, ya que este mensaje viene de la Fuente Infinita creadora, a través de mi experiencia personal.

Quiero que sepas que ese objetivo que tienes en mente es posible realizarlo, que eso que quieres conseguir, es posible, independientemente de dónde estés, con quién estés, lo que hagas o no hagas, ES POSIBLE. Puedes realizarlo, aunque ahora te parezca un gigante casi inalcanzable, si te enfocas en ese logro lo conseguirás en mayor o menor medida, en mayor o menor tiempo, pero con toda seguridad lo vas a manifestar.

Aprender a poner foco es algo fundamental, poner foco no es estar todo el tiempo haciendo eso que deseas hacer, hacer y hacer, no, no es eso, es tener integrado en el interior el deseo vivo de querer conseguir tu objetivo, el que te hayas marcado. Para cada cual será distinto, eso es poner foco o enfocarse, saber marcarte tus propias metas, que harán que te acerques poco a poco y de forma progresiva, superándote cada día y sabiendo que es un aprendizaje constante.

En mi caso volviendo otra vez a cuando descubrí el Coaching, que es cuando empecé a conocer todo esto de los objetivos, fue un antes y un después. Noté mientras estudiaba y me formaba como Coach, que algo muy grande y satisfactorio estaba cambiando dentro de mí, que no sentía igual que antes, que no pensaba igual que antes y que no me gustaba lo mismo que antes. Entonces ¿qué estaba sucediendo?, una transformación que hoy en día sigo realizando y ya para el resto de mi vida.

Es mi nueva elección de vida, es mi nuevo estado de consciencia, que aprecio y valoro, pues tanto me ha costado llegar que me parece increíble que pueda estar contándote todo esto, pero lo más emocionante para mí es que tú seas el próximo en contárselo a miles de personas con las que hará falta que conectes y así aumentemos esta cadena ayudando y contribuyendo a un mundo mejor.

Entrar en este nuevo mundo como yo lo llamo, en este nuevo estado de consciencia ha sido algo que no esperaba, no ha sido algo buscado a consciencia, en mi caso llegó después de tantas y tantas caídas, qué iba a pensar yo cuando me pasaba las noches perdido sin rumbo, tirado en la calle, esas noches heladas, huyendo de un mundo en el que no entendía por qué estaba.

Llegó cuando menos ganas de vivir tenía, recuerdo esas noches tirado en el coche con la cara desencajada y con un miedo terrible por si alguien se acercaba, metido en esos huecos, sin aliento, queriéndome morir en los pisos de consumo, pasándome la vida y viendo cómo se extinguía poco a poco. Mis ilusiones, mis esperanzas, y lo peor de todo, es que me daba exactamente igual que eso sucediera.

¿Quién en esos momentos me podía decir a mí que yo iba a salir de eso?, y no solo salir, si no que iba a tener una vida confortable plena y maravillosa, con sentido, libertad y paz.

Si en esos momentos yo hubiese escuchado eso de alguien le hubiese dicho al que fuese que estaba como una cabra, que estaba incluso peor que yo, ya que era imposible en esos momentos pensar así, pero así fue.

Si yo he conseguido salir de ese agujero negro, donde cada día estaba más y más hundido, donde ya no era yo quien gobernaba mi vida, donde casi no existía, donde todo estaba manejado por la adicción, tú también puedes. En esos momentos tú no existes, es la adicción quien te lleva.

Es un sinvivir insoportable, pero pude recuperar mi amor propio que fue crucial para salir de ahí. Empezaron a suceder sincronicidades, cuando dejé de luchar y competir, cuando dejé las comparaciones, cuando decidí ser yo y buscar a esa persona que había debajo de tantas capas pesadas, cuando dije que ya no iba a volver a ser como antes, la vida te premia, empiezas a resurgir, a eso yo lo llamo, el milagro que no esperas.

Comencé a creer en mí, a amarme, a respetarme, a hacer una vida siguiendo mis valores y las sincronicidades empezaron a suceder, llegaban mensajes desde internet, videos, personas distintas, todo poco a poco, pero sin parar, moviéndose rápidamente, así que en este despertar de la consciencia me di cuenta de muchas cosas que antes no entendía.

Resumiendo, este capítulo podemos decir que merece la pena poner enfoque hacia los objetivos que queremos realizar, que merece la pena vivir con y por ellos y ver cómo va a afectar esto en positivo en tu vida, ver cómo esto te va a permitir superar muchas limitaciones, va a hacer que te conozcas mejor, a cambiar tu forma de pensar, sentir y hacer para siempre.

Debe partir de tu libre decisión y marcándote tus propias metas, sin consejos, sin directrices, así que, por todos estos beneficios, es un lujo poder decir que tengo objetivos y un propósito, y que están alineados a mis valores principales.

Es una nueva vida donde desaparecen la lucha y la competencia, dejas de mirar al exterior, practicas el desapego y te centras en ti, como nunca lo habías hecho.

Hoy día no le guardo rencor a mi pasado, no tengo remordimientos ni me arrepiento de él, he aprendido a perdonarme y por tanto a perdonar a los demás. Me centro en mi presente más actual en mi minuto a minuto, en el aquí y ahora, en lo que realmente sucede.

La vida es un presente eterno, la percepción del tiempo en realidad no existe, la inventó el hombre para controlar y empezar con las ataduras, pero la verdadera realidad es que vivimos constantemente en un presente sin tiempo.

Para terminar este capítulo, es fundamental que comprendas que el enfoque para conseguir el objetivo deseado que nace de dentro de ti, debe ser prioritario, ya que es muy fácil dispersarse y dejarnos sabotear cuando vienen los primeros fracasos.

Tenemos unos conceptos adquiridos cultural y socialmente con respecto a los fracasos, muy distintos a otras culturas, esto hace que no admitamos el fracaso cuando nos marcamos un objetivo. El fracaso forma parte del triunfo para conseguir algo. A través de él, aprendemos, rectificamos, nos superamos, consiguiendo lo que deseamos. Tenemos que integrarlo como parte de nuestro objetivo. Cuando sentimos el dolor del fracaso es cuando reaccionamos y nos cuestionamos, propiciando así el cambio deseado.

Aunque parezca contradictorio, te digo y te diré siempre, fracasa, para conseguir un objetivo grande tienes que fracasar a lo grande.

"Los que renuncian son más numerosos que los que fracasan".

- Henry Ford

"No existe el fracaso, salvo cuando dejamos de esforzarnos".

- Jean Paul Marat

"El fracaso es una gran oportunidad para empezar otra vez con más inteligencia".

- Henry Ford

"No he fracasado. He encontrado 10.000 soluciones que no funcionan".

- Thomas Alva Edison

Como habrás comprobado las grandes celebridades en este mundo, fracasaron muchas veces, el verdadero fracaso es no intentarlo.

CAPÍTULO 8

SINCERIDAD Y AMOR PROPIO

Son fundamentales para realizar cualquier tipo de cambio, por pequeño que sea, la sinceridad y el amor propio. No puedes dar a nadie de beber de un vaso vacío.

Cuando me refiero a la sinceridad me estoy refiriendo a nuestro diálogo interno, a lo que nos hablamos, nos contamos, nos decimos a nosotros mismos, esa es la verdadera sinceridad, es la que realmente nos va a servir para que nos transformemos en quien queremos ser, la que nos va a proporcionar la paz interior y con ello nos amaremos más. Para poder darnos a los demás, tienes que aprender a darte a ti mismo primero.

Todo esto es obvio, pero es todo un reto si hablamos de una persona adicta, ya que esta tiene inculcada en el subconsciente la mentira, grabada a fuego pues es la herramienta de supervivencia de cualquier adicto.

Para superar y cambiar esa creencia limitante, se necesita mucha perseverancia y entrenamiento diario y continuo. No todo el mundo está dispuesto a hacer esto, ni todo el mundo admite que no es sincero consigo mismo ni con los demás, así que aquí tenemos un tema complejo para debatir.

Cuando yo estaba con mi adicción activa, tenía tan integrada la mentira, que pensaba que no mentía, es decir me creía mis propias mentiras como reales, y eso les pasa a muchas personas aun cuando han parado, esas son las secuelas que dejan las adicciones.

Respecto al amor propio, merece la pena prestar especial atención a este tema en concreto, ya que mucha gente confunde egoísmo con amor propio. Para mí son cosas muy diferentes, ya que con el egoísmo se requiere competir para ganar, adquirir cosas materiales de todo tipo, ser mejor que…, mientras que el amor propio es mirarse hacia adentro y respetarse, darse lo bueno que uno necesita, cuidarse y darle cuidados a la mente y el cuerpo.

Como ves son la cara y la cruz, sin embargo, muchas personas tachan de egoísta a una persona que se ama a sí misma, sin saber que ellos mismos son los más egoístas. El amor propio es fundamental para tener una autoestima equilibrada para que podamos establecer nuestros deseos más anhelados y no caer en el pesimismo y el victimismo. Cuando una persona está en el victimismo no se ama a sí misma y ve a los demás de una forma distorsionada a como son en realidad, empieza a culpar a otros de su situación personal, está apegado a que los demás sientan pena, a llamar su atención, etc...

¿Qué necesitamos para recuperar la sinceridad y el amor propio perdidos?

Lo primero que necesitamos es darnos cuenta de cómo estamos pensando, de qué estamos transmitiendo, de qué manera nuestra forma de pensar y actuar nos hace sentir, si nos hace sentir mal, entonces estamos muy lejos de recuperar esa estima y amor propio tan necesarios para avanzar.

Auto indagarnos y preguntarnos constantemente, qué podemos cambiar. No estamos acostumbrados a hacernos preguntas, pero esta forma de actuar nos puede hacer cambiar mucho, ya que cuestionarnos constantemente hace que nuestro inconsciente sea más fácil de cambiar.

Necesitamos hablar sinceramente con esa persona de confianza a la que le podemos contar todo y así soltar el lastre que está estancado dentro de nosotros o asistir a un grupo de autoayuda. Este es un proceso como otro cualquiera y lleva su tiempo. Tenemos que relajarnos para poder hacer esto, hay que hacerlo desde la tranquilidad y el convencimiento pleno, caminar por el mar, la montaña, o estar en contacto con la naturaleza, nos va a ayudar a conectarnos con nuestra esencia y desde ahí podremos abordarlo todo mucho mejor.

No he visto a ninguna persona adicta en activo que se quiera a sí misma. Cuando empezamos a recuperar ese amor propio, empezamos a sentar las bases para alejarnos de las dependencias. Recuperar el amor propio es un camino sin retorno. Para conseguirlo se requiere estar comprometido a muerte con el cambio, se necesita vibrar en otro estado de consciencia. Cuando conectas con ese estado, el amor hacia ti mismo es incondicional y para siempre, se necesita sostenerlo en el tiempo y para ello es fundamental tener hábitos saludables y crecer mentalmente. Debemos entrar en una espiral de querer tener cada vez más lo que nos hace bien, estando centrados por primera vez en muchos años en lo que realmente somos.

Todos los cambios que una persona pueda hacer para modificar el rumbo de su vida deben nacer desde dentro, siendo la sinceridad lo primero que debe surgir. Cuando nos sinceramos con nosotros mismos, algo interno cambia, esa paz mental que no sentías empieza a estar presente, empiezas a sentir nuevas sensaciones, tus preferencias empiezan a cambiar, poco a poco, estos cambios requieren de tiempo (a veces años), aunque la percepción del tiempo que tenías antes no sea la misma. Ahora el tiempo es más continuo, dejas de querer tener el control de los resultados, haces todo con más amor y armonía.

Empiezas a vivir de una forma distinta, donde antes la soledad era un lastre y la afrontabas con mucho miedo, ahora esa soledad es un momento de gozo y eres tú el que la busca, te fundes en ella y llegas a un estado de plenitud indescriptible.

Cuando experimentas dicho cambio, no temes a nada, te fundes con tu verdadera esencia, ya que somos eso, una Fuente de energía experimentando en un plano de vida terrenal.

Sientes que lo que realmente estás experimentando es lo que verdaderamente has venido a hacer a este mundo y que has tenido una desviación de tu verdadero propósito de vida, como la gran mayoría de las personas que no están conectadas a su verdadera misión.

Cada vez somos más despertando a esta consciencia y llegará un punto en el cual estemos todos mucho más evolucionados y ese estado de consciencia será algo normal.

Que las personas estén despiertas y los valores del mundo cambien radicalmente, ese ya es otro tema, pero es evolución y en realidad eso es lo que somos todos.

La mayoría de las personas que están en una adicción activa, lo que significa que su estado de consciencia está totalmente dormido y que están muy alejados de lo que son realmente, viviendo en un sueño profundo, no tienen ni el más mínimo aprecio por ellos mismos, es decir se desprecian y se autocastigan, huyendo de una vida que no se identifica con lo que ellos verdaderamente sienten. No tienen el valor de afrontar su realidad y hacerla consciente.

Ser conscientes para ellos significa sentir un dolor inmenso y una forma de escapar es la adicción, la que sea para cada cual, es donde se evaden de la realidad más absoluta. Su mente inconsciente lo adopta como una tabla de salvación, ya que por unos instantes pueden estar sintiendo placer y eso es lo que la mente inconsciente realmente busca, busca ese placer y lo graba a fuego, por eso lo busca cada vez más y en todo momento, pues cuanto más tiempo permanezca en ese estado que identifica como un estado de placer mucho mejor.

No distingue cuándo eso empieza a ser un problema, porque por naturaleza descarta lo negativo, recordando solo los momentos placenteros, aunque sean imaginarios y artificiales, no es capaz de distinguir, por eso para salir de ahí necesita un impacto emocional que sea ¡tan grande, tan doloroso!, que la mente lo rechace para siempre, de lo grande que ha sido y lo relacione como su causa a la adicción. Es entonces cuando se puede despegar, por eso muchas personas que no han llegado a ese estado, no pueden desapegarse de la adicción.

También se puede escapar de esta mente adictiva con entrenamiento continuado y repetido en el tiempo, esta es la forma más lenta y no es eficaz para todo el mundo, por eso hay tantas recaídas, esta forma es la de las terapias en centros durante años y años.

Desde mi punto de vista y mi experiencia personal, creo que cuando se está muy metido en la adicción y uno lo ve todo perdido, es muy bueno ir a un centro de terapia para adictos y compartir vivencias para soltar lastre, empezar a sentirnos mejor y tener buena integración. Eso es fundamental para el éxito cuando ya llevas un tiempo considerable sin volver a consumir, que para mí puede ser un año.

Cuando llevas ya un año sin recaer, debes dejar de seguir asistiendo al mismo sitio donde no vas a parar de escuchar lo mismo una y otra vez y puedes llegar a un punto donde te estanques (te hablo por propia experiencia) y eso acaba siendo contraproducente.

Muchos profesionales dicen que no y eso es así porque está demostrado por muchos adictos, una vez cubierta la etapa de desintoxicación y activación normal, llega la del crecimiento personal y espiritual, la de conectar con los valores internos, la auto indagación, la de los principios de los que hablamos en este libro, donde no paro de repetir lo importante que son todos estos pasos que aquí estamos explicando con todo detenimiento.

Mis experiencias personales con los principios metafísicos espirituales, dinámicas de Coaching, activación de valores y objetivos son muy valiosas y todo esto por desgracia hoy día no lo aporta de forma integral ningún centro donde vayas, aunque te gastes un pastón por lo privado.

Así que eso debes aportarlo tú mismo y eso será lo mejor que te puedas dar ya que nadie te va a dar nada mejor que tú mismo. Tendrás que invertir mucho tiempo y dinero, pero te hago una pregunta, ¿cuánto tiempo y dinero has desperdiciado con tu adicción cuando estabas en activo?, ¿qué precio tienen para ti tu salud y conseguir tu mejor versión?

Te aseguro que cuando empiezas a amarte a ti mismo de verdad, el dinero empieza a tener el valor de lo que realmente es, un intercambio de energía, pero no de derroche y de desprecio con esa negatividad que siempre hemos asimilado como la correcta.

Así que es cuando empecé a quererme, cuando pude mover un poco las alas, la vida me fue aportando.

Según vamos dando, ahora desde la claridad que te da esta maravillosa evolución, ves que algo grande tiene que suceder y también percibes la caída.

Veo con claridad que este estado de sentir interno que tengo ahora jamás lo había tenido cuando estaba en activo, así que los principios funcionan de verdad, porque cuando te sientes bien por dentro, todo lo externo va fenomenal, insisto mucho en el estado interno, porque es lo que menos trabajado tenemos las personas y es lo que realmente rige la manifestación externa.

Se dice que esto no lo trabajan el 90% de las personas que no son adictas, las personas adictas tienen este estado interno completamente muerto.

Vivir con sinceridad no quiere decir que vamos a estar predicando todo lo que nos sucede en cada momento a todo el mundo, con la excusa de decir, "es que como hay que ser sincero" sino todo lo contrario, la sinceridad así entendida es perjudicial, la sinceridad a la que me refiero, es de la que hemos hablado antes, la interna, el diálogo contigo mismo, ser honesto y sincero y que tú sientas que lo que piensas, dices y haces está en consonancia con todo tu ser.

Espero querido lector que estés comprendiendo bien todos estos términos y vivencias personales que estoy plasmando al igual que los pasos que han llevado al éxito no solo a miles de personas con adicciones sino, a personas que han tenido miles de desafíos distintos en sus vidas y los han superado gracias a integrar estos valores.

Es un honor para mí poder plasmar en un libro mi experiencia personal, mi sentir más interno, mis más humildes avances y mis más maravillosos éxitos, ya que el mayor éxito para mí es sentirme libre para poder hacer lo que realmente conecta conmigo y dedicarme a lo que realmente me gusta, respetando mi salud, mi cuerpo, mi familia, a mí mismo y a todo lo que me rodea, es decir, fluyendo con la creación de la Fuente Infinita que todo lo creó, dando todo lo que puedo aportar.

Para resumir este capítulo, debemos tener en cuenta, que la sinceridad con nosotros mismos lo es todo, desde esa base podremos avanzar. Digo con nosotros mismos, porque lo que para otro no es verdad, para ti puede que lo sea, y tú no eres lo que otro diga que eres o no, tú eres lo que tú sientes, así que cuando alguien te diga que eres falso o que no dices la verdad, puedes decirle tranquilamente que no será verdad para él, pero para ti, sí es tu verdad.

Es tu estado interno y cómo te sientas con él lo que va a determinar el resultado final. Quererte es decirte la verdad, es respetarte, no soportar cosas intolerables, es ir tras eso que te hace vibrar y estremecer de júbilo interno, de bienestar, es estar alegre y satisfecho a todas horas, independientemente de lo que pase ahí fuera. Eso es el amor propio hacia uno mismo, es darte todo eso que antes no te aportabas, es despegar todas esas capas que hacían que no pudieses sacar a relucir esa luz que yace en tu interior, esa luz que con solo su presencia no necesitas nada más, esa que está desapegada de toda competencia por que ya lo es todo y no tiene que demostrárselo a nadie. Ella sabe lo que es y lo siente en sí misma.

Amor propio es avanzar sin resistencias, fluir con la naturaleza, con todo lo que es y ocurre en este preciso momento, aceptando, integrando y compartiendo, contribuyendo a un mundo mejor.

Espero que este capítulo de sinceridad, te aporte claridad y puedas estar en consonancia con ese cambio que ya estás realizando, o que vas a realizar en breve, ya que si estás aquí leyendo estas líneas, que sepas que no es por casualidad ya que las casualidades no existen, existen las Causalidades, por tanto ese cambio de rumbo que viene para ti, te va aportar estos valores, si decides integrar estos pasos y llevarlos contigo en tu nuevo estado de consciencia y en tu evolución personal hasta el fin de tu historia en este plano de vida.

Para lo que estamos aquí, es para desarrollar una historia que aún no hemos culminado y que cuando la cumplamos partiremos y vendremos con otro rol, eso es lo que creo yo, pero es una creencia mía personal y no tiene por qué coincidir con la tuya, que puede ser otra, y son respetables para mí todas ellas.

PASO 5

CAPÍTULO 9

RECONOCIMIENTO PROPIO

En este capítulo vamos a tratar un tema que no todo el mundo integra y que es motivo de abandono en el cambio de rumbo para muchas personas.

El tema no es otro que el reconocimiento de tus capacidades y valores naturales y aprendidos desde que formas parte de este plano de vida. Son muchas las personas a las que les cuesta creer que son válidas para realizar un proyecto personal, para alcanzar los objetivos deseados, un cambio de rumbo en sus vidas, pero en concreto a las personas con adicciones que han arrastrado mucha ira y que han estado tan desconectados de sus principales valores tanto tiempo, les cuesta mucho más. Necesitan romper muchas resistencias, muchos valores derrumbados, por eso cuando se enfrentan a este desafío, como es reconocerse a uno mismo con sus virtudes y sus defectos, esta labor no la soportan ya que son años y años sin reconocer sus defectos y no están dispuestos a pasar por eso, matando así sus sueños e ilusiones.

El reconocimiento propio es un trabajo continuo y constante donde día a día tienes que ir superando barreras que nunca te habías planteado antes, romper con acciones perjudiciales, despedirte de ambientes contraproducentes, aceptar limitaciones en el consumo, integrar nuevos hábitos, reconocer a la nueva persona que está resurgiendo y, créeme, esto no es nada fácil, es una lucha constante con tu yo interno durante los primeros años del cambio, que no todo el mundo es capaz de soportar, pero que cuando lo superas, subes varios escalones de una vez.

Reconocimiento interno, es distinguir a la persona que hay dentro de ti y que ha estado dormida durante muchísimo tiempo queriendo manifestarse. Distinguir que has venido a hacer algo más en este plano de vida, que somos mucho más que los gustos del cuerpo y los valores superficiales. Poder llegar al gozo interno en estado de calma, creer en tus capacidades, ponerte en acción día tras día constantemente e integrarlo como parte de tu nueva vida. También es enfrentarte al dolor valientemente y tener el valor de aguantar el dolor sin recurrir a ninguna vía de escape, definitivamente es hacerte responsable de tu vida.

Vivir en este estado donde te reconoces a ti mismo con tus valores personales, donde te sientes libre, donde sientes que eres esa persona que siempre has querido ser y que ahora, sí estás a gusto contigo mismo. Eres capaz de llegar donde te propongas, todo esto es vivir diferente, sentir diferente, vivir en otro estado de consciencia, es algo complicado pero que es posible si tu compromiso es sincero, honesto y te ha impactado emocionalmente tanto el no hacerlo, que no podrías soportar el dolor de no concretarlo.

A eso le llamo yo casarte con tu propósito, lo consigo sí o sí, es como que el no conseguirlo, fuera la muerte. Necesitas compromiso a muerte para lograr eso que te va a llevar a la mejor versión de ti mismo jamás imaginada.

El reconocimiento propio es dar ese paso que te ofrecerá toda la libertad del mundo, es el que te hace no depender de nada ni de nadie, es el que te hace sentir vivo, que la vida está ahí y no te juzga, que los sucesos van a llegar pase lo que pase. Mantener ese contacto con tu niño interior y abrazarlo, ese niño interior que tanto sufrió en la infancia.

Todos en mayor o menor medida arrastramos traumas de la infancia, algunos inconscientes, otros conscientes, lo que sucede es que los dejamos a un lado para poder seguir con nuestras vidas, pero están ahí.

Desde que nacemos ya empezamos con ese trauma por el que todos hemos tenido que pasar, es el de estar en la oscuridad con el solo ruido del corazón materno, en su cálido vientre, a salir a un mundo desconocido y lleno de incertidumbre y desafíos que superar. Desde ese momento todo lo hacemos para adaptarnos en un lugar lleno de cambios y retos, también esos sucesos que nos marcaron emocionalmente, por ejemplo: si viviste un declive familiar económico, emocional, el divorcio de tus padres, enfrentamientos entre ellos que te dejaron marcado, accidentes traumáticos, etc...

Todas estas situaciones han hecho que tu niño interior quede dañado y sin atender, cerramos etapas de nuestras vidas sin resolver esos traumas y con el tiempo se vuelven a manifestar.

Cuando te reconoces recuperas ese contacto con tu niño interior, ese reconocimiento es amarte a ti mismo, es sentirte vivo, no puedes vivir un estado de plenitud sin sanar el niño interior. Cuando realizas una transformación de este tipo estás sanando heridas del pasado inconscientemente, hay muchos ejercicios y meditaciones para sanar el niño interior en internet, si consideras que aún no te has reconciliado con ese niño interior dañado, es hora de que conectes con él y le digas que no pasa nada, que tú le entiendes, que vas a estar a su lado para lo que necesite, que confíe en que todo va a salir bien.

Es muy importante sentirte con esta parte interna sanada, ya que sin ello no podrás continuar con este paso y sentir paz mental.

Este reconocimiento es continuo y dura de por vida, ya que, para vivir con una autoestima saludable, es primordial mantener nuestro amor propio como una prioridad ante todas las cosas.

En mi caso reconocer todo lo que me había sucedido, lo que me está sucediendo y lo que trabajo para lo que me deba suceder, no ha sido nada fácil de llevar.

Este reto y transformación es muy doloroso, todo desarrollo es doloroso, como los niños cuando les duelen todos los huesos, un crecimiento desde el interior sin dolor no es crecimiento.

Tienes que aprender a salir de situaciones, a sentirlas y afrontarlas, al principio cuesta mucho, pero cuando estás comprometido contigo mismo de una forma tan grande y con un compromiso a muerte, cualquier situación se puede soportar.

Es caminar día a día, en el que te estás valorando de una forma interna y en silencio, es tu propio reconocimiento de que vas por buen camino y eso lo sabes tú muy dentro de ti, lo que va a permitir que sigas adelante, lo que hace que tenga sentido estar aquí. Le darás valor a todo lo que realmente te hace crecer hacia la consecución de tu propósito, que es y será interminable, ya que querrás vivir en ese estado permanentemente, por ello siempre tendrás un objetivo en mente al que aferrarte.

Debes reconocer todos los valores que te son propios y que han permanecido dormidos durante mucho tiempo en tu interior, en mi caso he tenido que renunciar a todo el entorno que no me dejaba ver ese potencial y mucho menos conectar con él, aun así, he tenido mucha disciplina y una dirección clara y firme.

Me he adaptado a costumbres que al principio eran muy raras para mí, pero que sabía que eran lo correcto, a aceptar errores, unas veces normales, otras veces mucho más graves, no todo es un camino de rosas, sé que me repito en algunos temas, pero lo hago a conciencia ya que para mí es importante que se integren muchos conceptos y cuanto más se repitan mucho mejor.

El Coaching ha cambiado mi vida, cuando tomé contacto con esta disciplina o forma de vida pensaba que no iba a ser así, pero sí que ha sido un cambio radical y significativo, poco a poco he ido conociendo un ambiente que desconocía por completo, donde veo la superación personal, las buenas personas, las que luchan por sus sueños y apoyan los sueños de los demás.

Yo venía de un ambiente en el que era todo lo contrario, es por ello que te puedo asegurar que cuando estamos inmersos en un círculo, con creencias arraigadas, creemos que la vida es así tal cual nosotros la percibimos, pero no es así ni mucho menos, estamos dejando escapar muchos factores de nuestra vida, muchas facetas desconocidas por no abrirnos por completo a conocer a indagar en otras circunstancias y que cuando te atreves a adentrarte te estremeces de ver lo que no sabías ni siquiera que existía.

Te invito a que busques continuamente y no te conformes nunca por que el conformismo es estancarse y renunciar a la acción continua y al cambio tan necesario para evolucionar.

Cuando tú te reconoces como una persona conectada a tus valores principales, la vida tiene un significado distinto, ves a otras personas como están en otra sintonía, aunque sean familiares ya no conectas con esa forma de sentir, no los rechazas, pero antes te gustaba estar con ellos y ahora no, es ahí donde notas ese cambio de rumbo, esa nueva forma de sentir la vida.

No es nada fácil hacer ese cambio de mentalidad, ya lo hemos comentado en capítulos anteriores, es todo un reto.

Cuando observas a personas que llevan muchos años ya con su adicción parada y las ves semana tras semana acudiendo a las terapias donde ya saben lo que van a oír y lo que van a decir otros, que lo que hacen es convertir esas terapias en un modo de vida y reafirmarse en que ese camino es el bueno, las ves viviendo en apatía, y si les preguntas, ¿qué tal estás?, te contestan, yo estoy bien como siempre bien.

Por su forma de contestar, por su forma de moverse y si les miras a la cara veo una enorme tristeza en ellos, porque realmente han parado su adicción, pero no son felices, no han encontrado eso que le da sentido a sus vidas. Cuando escuchan eso de enfocarse en un objetivo, que les ofrece un posible cambio de vida, como el de otra persona que ha pasado por lo mismo, se ponen inmediatamente a la defensiva, no quieren oír eso y es porque realmente no han sido capaces de reconocer durante años que eso es lo que realmente necesitan tener un propósito de vida. Acuden a terapia creyendo que se van a sentir mejor, pero la verdad es que después de tantos años de hacer y escuchar lo mismo, sus vidas no experimentan cambio ninguno.

Es como haber cambiado una adicción por otra, lo que sucede que esto de las terapias no les acarrea consecuencias dramáticas y con eso se conforman. Yo veo clara y rápidamente que necesitan un cambio radical, pero no se les puede decir, tienen que ser ellos los que se den cuentan, son muy pocos los que lo hacen, a pesar de saberlo se conforman con tener la adicción parada, aunque entren en apatía y sus vidas no sean como a ellos les gustaría, no se aventuran a cambiar de rumbo.

Este libro va muy dirigido a ese tipo de personas, que se conforman con haber parado su adicción. Que sean adictos no quiere decir que no puedan hacer lo que quieran, una vez han conseguido parar, pueden hacer lo que realmente deseen, lo que es contraproducente, es estar años sin consumir y no encontrar un significado que dé sentido a la vida que llevan y que se va marchitando.

Si tú eres una persona que lleva tiempo con la adicción parada y no encuentras el significado que te gustaría obtener, estás harto de asistir siempre a las mismas terapias que ya no te llenan y no te entusiasma ir como al principio, entonces tu yo más interno te está pidiendo un cambio de rumbo, estos pasos te van a ayudar a darlo, si quieres que te ayude personalmente, puedes encontrarme en mi web y estaré encantado de hacerlo.

He visto y comprobado durante años esto que te he contado, no es que yo esté en contra de las terapias, las defiendo por encima de todas las cosas, son necesarias en su justa medida y por el tiempo adecuado, pero después hay que pasar a otro tipo de alternativas, para que la persona crezca interiormente y utilice sus recursos para conseguir y sentir que progresa, pues la persona cuando lo nota, se produce un cambio en el cerebro, conecta con nuevas conexiones neuronales, que le hacen sentir satisfacción personal. El progreso trae satisfacción interna a cualquier persona y eso está comprobado científicamente.

Entra aquí en esta segunda etapa, mi propósito de vida, que es acompañar a esas personas que ya tienen su adición parada a encontrar un sentido a sus vidas con procesos de Coaching, para que ellos identifiquen qué es lo que realmente quieren, dónde se encuentran y qué es lo que les falta para llegar allí donde ellos quieran.

Se transformarán en el camino hacia su meta, esa transformación, ese cambio de rumbo del que hablo en este libro, con estos pasos esenciales es lo que va a hacer que sus vidas nunca más vuelvan a ser las mismas.

Sé que habrá personas que esto no lo compartan, las entiendo y no quiero incidir ni influir en nadie, solo comparto lo que a mí me ha servido y que no pude hacer hasta que estuve preparado, para yo llegar a entender esto, casi me quedo en el camino.

Esto es para quien esté en este momento preparado, no todo el mundo lo está, si tú has llegado hasta aquí, posiblemente seas uno de los que sí están preparados para cruzar a modo de aventura por este mar de tinieblas, donde navegabas sin rumbo y coger el timón de una vez por todas y darle el giro que realmente deseas.

Cuando decidas hacer ese cambio, no necesitarás de expectativas externas, no precisarás apegarte a nada ni a nadie, no harás las cosas esperando el resultado, sino que lo harás porque sientes que conecta con tus valores principales, sin expectativas, y verás tus sueños cumplidos antes de lo que imaginas.

Espero que todo esto te sirva para saber que el cambio es posible, pero que un cambio sin realización personal es igual a un fracaso.

Ese reconocimiento es poder ser lo suficientemente humilde como para asumir que no lo sabes todo, que te equivocas y que aun estando inmerso en este cambio de rumbo, en este reencuentro contigo mismo, en esta transformación interna, con todo el conocimiento y el crecimiento que vas adquiriendo, también te equivocas, también te dejas llevar en muchísimas ocasiones por el ego, experimentas dolor, competencias, rivalidades, disputas y que no estás totalmente sanado por lo que sigues cometiendo miles de errores.

Es un camino sin retorno y en continuo crecimiento y cambio constante y cada vez más rápido, tienes que aprender a distinguir que estás empezando una nueva etapa en tu vida y es el reconocimiento de empezar algo nuevo donde tú eres un aprendiz al lado de otros que llevan ya muchos más años que tú avanzado en el tema. Tú quieres hacer esa reinvención personal, no es nada fácil para nadie y mucho menos para las personas que han pasado por una adicción, ya que su mente está más dañada, está acostumbrada a la satisfacción inmediata y tendrán que estar continuamente en crecimiento para no estancarse.

Así que es fundamental que reconozcas cuál es tu mayor virtud, y cuáles tus limitaciones en estos momentos y empieces a trabajar a tu favor, empieces con eso que te crea bienestar, que te desconecta del ruido externo.

Es un tiempo donde la competitividad, el logro, el conseguir, el derroche físico es inagotable y donde los valores espirituales se están perdiendo, donde todo quieren comercializarlo, donde cualquier movimiento, es una nueva tendencia de márquetin. En un mundo tan realmente evolutivo, que discurre de una forma tan rápida, nos olvidamos de lo esencial, de lo que realmente es bueno para nuestra alma, de practicar la quietud mental, la serenidad, la paz interna que tantos beneficios nos aporta en todos los sentidos.

En lo que a mí respecta en este sentido, cuando empecé este camino de cambio y crecimiento, el reconocimiento propio era prioritario y debía ponerlo en práctica a diario, ya que el poder reconocer los beneficios, es algo que necesitaba como el aire que respiro. No dudaba en ningún momento en darme eso que realmente me aportaba esa tranquilidad, esa paz interna de la que hemos hablado, ya que sin ella no podía reconectar con mi ser esencial más profundo y llegar a manifestar y que se manifestasen todos mis deseos. Ese momento era único y mágico, y también era la clave para el cambio que necesitaba a largo plazo. No lo hacía para conseguir nada, sino porque realmente necesitaba eso en esta nueva vida que estaba iniciando.

Cuando estás sumergido en un cambio tan profundo, tan radical es cuando ves que los que están fuera de ti, sí que se dan cuenta de lo que estás haciendo, que ven el cambio tan exponencial y te ven de una forma que tú no te ves. Tú sabes que ahora no tienes apegos a otras cosas que antes sí tenías, que haces cosas muy diferentes, que no le das importancia a lo que antes era crucial para ti, pero el cambio se está dando y la manifestación también, lo cual es inevitable y propicia que tu entorno empiece también a cambiar, lo que antes era un mundo inexplorado, ahora lo ves normal, empiezas a aceptar todo tal cual es y a disfrutar de los entornos naturales donde te sientes conectado.

Sabes en lo más profundo de tu interior que un cambio con una fuerza que viene de no sabes dónde, está actuando a través de ti, pero desconoces cómo explicarlo, ya que no tiene explicación.

Yo lo llamo la Fuente Infinita creadora, que es la energía que todos tenemos en común y que hace que nos movamos y tengamos vida, que hace que sucedan todas las sincronicidades que te acompañan en tu progreso, y en ese momento lo más importante para mí, es fluir con esa energía, que me hace sentir yo mismo, que hace que mis deseos más profundos sean reales en el momento que los estoy viviendo y sintiendo en mi imaginación, es el momento en que siento una paz muy profunda y todo lo terrenal pasa a un segundo plano, es como recargarme las pilas para después seguir en este plano de vida.

Los sucesos que antes eran para mí un dilema, ahora los veo como algo que tiene que suceder, sabiendo que todo sucede a nuestro favor, sabiendo que todo pertenece a un plan perfecto y divino de vida.

Ese reconocimiento propio de valía tiene que ir contigo donde vayas, es decir tiene que vivir dentro de ti, pero tiene que estar tan arraigado y con tanta fuerza que no puedas desprenderte de él, ya que es crucial para superar las adversidades que surgen con un cambio tan trascendental, adversidades en las que, sino sientes esa fuerza dentro de ti, que es capaz de superarlo todo, no podrás continuar.

Como todo lo que está dentro de nosotros, tenemos que cuidarlo y retroalimentarlo para conservarlo, por eso es tan primordial darnos el amor propio necesario, para cuidar toda la energía que confabula a nuestro favor y que casi nunca tenemos en cuenta.

Es de vital importancia respetar esa energía, pues es realmente la que mueve este mundo, la que hace que lo que estás viendo y sintiendo en estos momentos, pueda suceder.

Cuando experimenté en mis comienzos esta transformación, me venían todas las sincronías para que comprendiera los cambios que me estaban sucediendo, había veces que no entendía qué estaba pasando, qué era lo que me sucedía, es entonces, cuando me encontraba un autor nuevo que hablaba del tema que quería saber, me encontraba un libro que me sacaba de la duda, escuchaba un audio que era lo que me hacía comprender, etc..

En una de estas sincronías di con Neville Goddard, que es un autor muy antiguo, que predicaba la ley de la Asunción, con el poder de la imaginación, para manifestar todo lo que realmente deseamos, pero con un sentimiento interno. Según el autor lo importante es sentirlo dentro de ti como si fuese tan real que creas que está sucediendo de verdad, más que lo creas es que lo sientas real.

Parece obvio, pero es todo un reto y te aseguro que no es nada fácil. Esto para mí fue un nuevo descubrimiento ya que, no sabía que nuestra imaginación tuviese tanta relevancia y tanto poder. He tenido varias oportunidades de manifestar cosas con esta Ley, pero no la he llevado a mi rutina de manifestación, ya que me cuesta conectar con ese sentimiento de forma continua.

Me estoy encontrando en mi reinvención personal y profesional con millones de obstáculos, con millones de problemas, con millones de críticas y desprecios como nunca pensé que podrían sucederme.

Yo digo muchas veces, mirando al vacío, hablándole a la Fuente Divina creadora, ¿por qué me tiene que suceder esto a mí?, si yo lo único que quiero es el bien para mí y mi familia y contribuir a ayudar a las personas que lo necesiten y quieran ser ayudadas. ¿Por qué?

Así que querido lector te cuento que yo, aparte de todo lo vivido con mi adicción, de todo lo que he pasado y he sufrido como muchos de los que están leyendo este libro, también sigo superando desafíos, también tengo momentos en los que me entran ganas de dejarlo todo y decir ¡basta!, pero cuando estás en este nivel de consciencia comprendes que todo es un aprendizaje y que hay que pasar por él, todos superamos en nuestro día a día retos y desafíos que nos hacen comprender y avanzar en nuestra vida, como siempre digo esto es un aprendizaje continuo y constante, sin retorno, hasta que desaparezcamos de este plano de vida.

En mi caminar diario de mi reinvención tengo un proyecto personal para soltar mi antiguo trabajo y poder dedicarme a lo que realmente me llena y me convierte en un ser pleno, que es poder ayudar a las personas que han decidido parar sus adicciones a que recuperen sus vidas y se sientan libres de toda dependencia de apegos emocionales y de personas.

Me encuentro obstáculos que otras personas no superarían. Yo mismo me pregunto: ¿qué hace que siga adelante cuando esto no me está dando el resultado que me gustaría?, y es que algo dentro de mí muy fuerte me dice: "continúa, debes seguir, persevera, algo grande y muy bueno va a suceder en el momento justo y necesario".

No sé cómo realmente he podido llegar hasta donde estoy ahora mismo, sin tener apenas recursos, todo se ha confabulado para que así pueda ser, si echo la vista atrás y miro con detenimiento, todo ha sucedido de una manera casi perfecta, muchas sincronías que tú no esperas ocurren. En los momentos casi de abandonar, sucedía algo que me daba la energía y la ilusión para seguir adelante. Tengo comprobado que cuando tú estás entregado a tu propósito de vida, a tu llamado interno, el Universo confabula a favor.

Es por lo que no todo el mundo llega a donde realmente le gustaría estar. Entiendo que todos los que atravesamos este desierto y sentimos de una manera diferente, hemos sido elegidos en este plano de vida para hacer algo especial, como he dicho anteriormente, yo estoy escribiendo hoy aquí este libro y la mayoría lo escribo en el silencio de la noche que es cuando tengo tiempo, después de muchas horas de trabajo, que cualquiera lo que haría es descansar, yo tengo ese llamado y escribo este libro, con la esperanza de que tú, querido lector puedas poner en práctica estos pasos, que van a garantizar tu superación personal y te harán llegar a un nivel diferente.

A lo que me quería referir es que yo realmente soy un medio, no escribo este libro con estudios, conocimientos y leyendo mucho para poder tener ideas, NO, lo escribo sentado, fluyendo con lo que la Fuente escribe a través de mi persona, con lo que el Universo quiere que tú recibas, por tanto, yo soy un medio que el Universo está utilizando para hacerte llegar este mensaje, así es, y así estoy escribiendo todo esto.

Nada está estudiado ni premeditado, nada está programado, todo es algo que realmente sale de dentro de mí, porque algo más fuerte y grande que yo lo ha puesto ahí, para que pueda transmitirlo. ¿Cómo aparece esa energía?, cuando estoy totalmente agotado con muchísimas horas de trabajo duro e intenso. Cuando escribo, no me hace falta nada, entra dentro de mí una fuerza, una vitalidad, que es un misterio, por eso digo que realmente lo estoy sintiendo, que si tú estás leyendo esto es porque tienes que hacer algo especial en esta vida y eres un elegido, es así, lo creas o no, así que seguro que estás sintiendo mi energía en estos momentos y que esta lectura va a transformar tu vida, lo sé porque así me lo está transmitiendo el Universo, así me lo está comunicando.

Te doy mi más sincera enhorabuena y espero que tú puedas ayudar a muchísimas personas también, con tu proyecto personal y contribuir a un mundo mejor.

Quiero decirte que este es mi primer libro y que jamás hubiese imaginado que yo pudiese escribir un libro, ahora que lo estoy escribiendo, sé que no va a ser uno, sino que como mínimo van a ser cinco seguidos, que este va a marcar la diferencia en mi proyecto personal.

En un principio iba a salir a la luz en Marzo del 2020, pero el destino ha querido que sea en Febrero de este año 2021, ya que siento que va a ser un punto de referencia en mi resurgir como persona y como todo lo siento dentro de mí, sintiendo esa energía que me gustaría que tú estuvieses sintiendo también.

Así que te recomiendo a estas alturas del libro que cuando practiques este reconocimiento propio y tu vida dé un giro total, todo va a ser diferente, tus proyectos empezarán a tomar forma y tu estado de consciencia "entrará en calor".

Una de las cosas que más me están ayudando a mantener este estado de consciencia es dejar que suceda lo que tenga que suceder, sin presiones externas, sin recriminaciones, sin pretender nada, amando la vida tal cual es, confiando en ella que sabe mucho más que yo, y expresando mi deseo con enfoque y acción, pero desde el amor más puro y sagrado.

Así que el éxito para mí es reconocer quién soy y cuál es la misión que tengo en este plano de vida, es que a pesar de las caídas y los fracasos no me deje abandonar por la inercia del viento y que me lleve por esos mares turbulentos sin ninguna dirección, dando tumbos de un lado a otro, sin importar que en uno de esos tumbos sucumba y me precipite al vacío.

El éxito es reconocer mi valía y tener el coraje de enfrentar mi vida, es el reconocimiento hacia mí mismo y mi capacidad natural de manifestar lo que realmente creo que merezco, es tener el valor de soltar en momentos difíciles todo aquello que no me beneficia en mi vida y hacerme cien por cien responsable de todo lo que acontece.

En esta vida que vivimos hoy en día es muy normal que manifestemos cosas que realmente no concuerdan con lo que sentimos realmente, ya que hemos vivido una infancia que pertenece a un mundo muy diferente. La vida en las últimas décadas ha avanzado a un ritmo frenético y el cambio de consciencia que está aconteciendo en estos momentos de la historia es cada vez mayor y más veloz, por tanto, nos enfrentamos a situaciones de mucha incertidumbre personal, que en muchos casos se manifiestan en inestabilidad emocional, en depresiones, en ruptura de parejas, en adicciones, etc...

Por tanto, invertir en nuestro crecimiento personal, en nuestro autoconocimiento, en nuestra salud están siendo los sectores del futuro más solicitados y demandados, con esto quiero decir amigo lector, que es hora si aún no lo has realizado y sabes que tu vida necesita ese cambio de rumbo, que lo realices, que no tengas que llegar a tus últimos días de vida sintiendo que no has hecho eso que siempre te hubiese gustado hacer.

Sabemos de antemano y ya lo habrás leído en alguna otra parte, que de lo que más se arrepienten las personas en esta vida cuando están a punto de partir, es de no haber tenido el coraje en su momento de haber realizado eso que tanto hubiesen querido hacer. La mejor experta que puede hablar sobre este tema por haberse dedicado más de la mitad de su vida a acompañar a personas en su lecho de muerte es, Elisabeth Kübler Ross. Sino has oído hablar de ella te comento que es una psiquiatra y escritora suizo-estadounidense y una de las mayores expertas mundiales en el acompañamiento al final de sus vidas de personas moribundas y de los cuidados paliativos.

Por ello en este libro y con estos principios que la vida y el Universo han puesto en mí para que los experimente y los pueda compartir con el mundo y con todas esas personas que llegarán a ellos de forma sincronizada.

Te digo que es obligación moral de cada persona cumplir con lo que siente, que es nuestra misión y cada uno sabe cuál es la suya. Es egoísta no hacerlo ya que hemos sido creados por la Fuente Divina creadora, para poder llevar a cabo nuestra misión de vida.

Estos principios son los que yo mismo he puesto en práctica para ejecutar mi transformación personal hasta el día de hoy y están basados en las leyes universales y en mi propia experiencia personal.

En lo terrenal y en planes de acciones que si se ponen en práctica darán el resultado correcto, ya que no es algo espiritual sin más, es espiritual, físico y material, en el equilibrio de estas partes es donde reside el éxito de estos principios.

Para resumir este capítulo quiero recordarte la importancia que tiene este reconocimiento propio en nuestro pensar, sentir y hacer, de cara a nuestro cambio de rumbo en la vida personal de cada lector.

El reconocimiento propio es lo que realmente va a hacer que tengamos la estima necesaria para avanzar en la vida y seguir progresando, no es algo externo, recuerda que todo lo que necesitas para alcanzar tus sueños reside en tu interior, que el mejor estímulo es la automotivación y que el reconocer tus pequeños avances es lo que te va a dar satisfacción personal.

Sé que tú vas a ser una persona que vas a progresar en tu vida, que tu cambio será un ejemplo, que vas a contribuir con tu granito de arena a un mundo mejor, porque las personas llegan a la información necesaria por sincronización y no por casualidad.

Te agradezco enormemente que seas una persona comprometida por conocer la evolución de las personas, que te comprometas al cambio, empezando desde tu propia experiencia. Con personas como tú podremos contribuir a un mundo mejor.

PASO 6

Capítulo 10

FORTALECIMIENTO ESPIRITUAL

El fortalecimiento espiritual es lo más olvidado a la hora de hacer un cambio en nuestras vidas, ya que estamos acostumbrados a dejarnos llevar por lo palpable por lo que percibimos con los cinco sentidos, porque creemos que la vida es lo que vemos y pensamos que lo que imaginamos y no vemos "el mundo invisible" es lo surrealista, cuando en realidad es todo lo contrario. Lo real es lo que sentimos e imaginamos dentro de cada uno, pues es lo que acabamos manifestando externamente, y lo surrealista es creer que lo que vemos y percibimos con los cinco sentidos es lo único que existe.

Partiendo de esta base y teniéndolo claro, podemos ver que el mundo invisible tiene una gran relevancia para cada cambio de vida que realicemos, como decía mi gran mentor **Wayne Dyer**, **"no existen los problemas, existen las soluciones espirituales a cada problema"**.

Lo cual quiere decir que para cada problema que tengamos, su solución estará en una respuesta espiritual.

Así que, en la espiritualidad, está la base de toda solución, ya que sin llegar al cambio interno y basándonos en las leyes universales y en lo espiritual para salir de cualquier situación, no podríamos encontrar un camino que nos diera una solución.

Para no confundirnos con las soluciones espirituales y el ego espiritual, he de hacer mención de que lo que es espiritual no es lo opuesto a tener bienes materiales y al progreso personal, sino todo lo contrario, hay muchas personas que se encuentran sumergidas en caminos espirituales para tapar su dolor interno, se aferran a la espiritualidad para sentirse mejor y para poder aliviar unas carencias emocionales y empiezan a decir que los que tienen dinero no son espirituales, que la persona espiritual no debe cobrar, que el progreso material no es espiritual, etc. Están siendo ellos los que realmente no son espirituales, ya que el mundo espiritual es el defensor número uno del progreso personal en todos los sentidos, entre ellos el material.

Pero lo que importa en este sentido y lo que realmente quiero transmitir es que para reforzarnos espiritualmente debemos estar dispuestos a hacer ese cambio de vida, el cambio de poner todos los conocimientos que ya nos vienen de fábrica en marcha a nuestro favor, todos podemos hacerlo, lo que sucede es que nos reprogramaron para no recordar lo que en esencia somos, que no es otra cosa que seres con superpoder.

Todos y cada uno de nosotros tenemos las cualidades para llegar a donde nos propongamos, solo debemos recordar todo lo que hemos olvidado que somos.

El cambio espiritual comienza por dejarnos llevar un poco por esos instintos del corazón o corazonadas como se les dice, es eso lo que va a permitir que nuestro cambio coja fuerza, hay que confiar y pensar detenidamente en un ámbito tranquilo y relajado, darte el tiempo que necesites y desconectarte del ruido externo. Acércate donde puedas estar en un ambiente que te ayude a reconectar con tu esencia y donde puedas llegar a un estado de quietud y paz mental. Cuando estés en ese sitio y puedas entrar en ese estado, deja volar tu imaginación, deja que tu interior se libere y hable, ten por seguro que cuando estés en ese estado te darás cuenta de muchas cosas que ahora mismo no sientes, ya que el ruido externo, la presión social, familiar, laboral, no nos deja ser quienes somos en realidad.

Cuando conectes con esa esencia y puedas recapitular un poco tu vida hasta el día de hoy, verás todo lo que has superado con las situaciones que tú mismo creías que no podrías superar.

La vida siempre nos ayuda, aunque nos hace vivir situaciones muy complejas, también nos rescata de situaciones de las que parece imposible salir y en ese momento, la vida siempre quiere obrar a nuestro favor.

Sucede es que cuando nos resistimos nos pone otra vez en la misma situación para que nos demos cuenta de que debemos desviar nuestro rumbo y si nos volvemos a resistir nos vuelve a poner en la misma situación, pero cada vez en mayor grado y en mayor medida para que realmente lleguemos a la conclusión de que nuestra vida necesita de ese cambio.

Es lo que conocemos como tocar fondo o la noche oscura del alma, es cuando realmente prestamos atención a ese llamado al cambio, porque ya nos ha dolido lo suficiente, porque ya hemos traspasado ese límite que creíamos que no podíamos traspasar, cuando el dolor se hace ya inaguantable, es cuando en esencia actuamos y nos replanteamos hacer un cambio.

Ahí empieza nuestro cambio espiritual, nuestra conexión interna y empiezan todos estos pasos esenciales para cambiar el estado de consciencia, es ahora cuando estamos receptivos a conectar con la Esencia Divina creadora, es cuando sabemos y nos decimos que tiene que haber algo más, cuando atendemos al llamado, es cuando vemos que la vida nos habla y empiezan a suceder toda serie de sincronicidades, es cuando desatamos un poder superior a nosotros mismos, es el poder interno desencadenado y obrando para nuestro mayor bien.

Notamos en esos primeros días de cambio cómo nos sube la vibración, emocionalmente estamos muy enérgicos, queremos vivir cada momento del día con mucha energía, el día que antes se hacía pesado y muy largo, ahora se hace apasionante y muy corto. Vemos la belleza de la naturaleza y practicamos todos y cada uno de los pasos anteriores descritos para nuestra mejor evolución.

La consciencia espiritual es uno de los motores más fuertes para conseguir el cambio de rumbo y nuestros objetivos esenciales de vida.

Cuando experimentamos este cambio en esencia, esto se llama fortalecimiento espiritual, porque realmente estamos reforzando nuestro espíritu con este cambio de hábitos, de acciones, de pensamientos y de sentimientos, en beneficio de una mayor satisfacción interna.

Cuando sentimos estas energías tan positivas, sentimos al mismo tiempo la necesidad de compartir con otros toda esta experiencia de vida, sentimos la necesidad de crecer como persona en todos los sentidos, queremos crecer nosotros para ayudar a crecer a otros y contribuir así a un mundo mejor, sintiendo que lo que estamos haciendo es ayudar a progresar al mundo, tenemos entonces una percepción del tiempo y de la vida muy distinta a la de antes.

Sentimos entusiasmo, las cosas externas dejan de tener tanta relevancia, cada vez más buscamos tiempo para estar con nosotros mismos, nos damos cuenta de la trampa social en la que nos han envuelto y que tiene la culpa de miles de situaciones en las que las personas se ven arrolladas.

Así para mantenernos espiritualmente fuertes debemos compartir con los demás y contribuir al despertar del mundo con un nuevo paradigma, dejando a un lado el qué dirán, lo que puedan pensar y lo que realmente se supone que hay que hacer para que me acepten en el grupo del trabajo, en el de los amigos, en la sociedad, en los reglamentos autoimpuestos socialmente, según las vivencias de la infancia, etc...

Resumiendo, este capítulo, puedes ver que cada vez son más cortos como repercusión de lo que aporta cada uno de los pasos en el cambio de vida, que lo espiritual no está reñido con lo físico y material, que el equilibrio entre estos es esencial para estar fuertes espiritualmente, que todo problema necesita de una solución espiritual y que el cambio es interno y espiritual al mismo tiempo.

PASO 7

Capítulo 11

RENDICIÓN INTERNA

En este capítulo hablamos de la rendición interior de nuestra mente egoica adictiva, que no es otra cosa que soltar todo lo que ya no nos sirve, soltar esas ataduras, esos apegos emocionales, esas competencias, esas rivalidades, esa rabia, esos engaños, etc.

Para ello es fundamental saber que la rendición es algo que elegimos conscientemente, que no es sentarse y no hacer nada, sino todo lo contrario, es dejar de ponernos frenos y ataduras para poder vivir una vida plena y feliz.

Cuando conectas con el ser esencial que eres, cuando estás dándote aquello que te hace bien, nada más necesitas a tu lado. El estar bien con uno mismo es poder expresarnos de la manera más pura y con ello dejar atrás dependencias adictivas, apegos emocionales, engaños y toda clase de limitaciones, es conectarnos con nuestra naturaleza y supone un gran beneficio para nuestro crecimiento interior.

Sabemos que todo lo manifestado en este plano de vida pertenece a las creencias que llevamos grabadas a fuego en nuestro inconsciente, todo ello es debido a lo que creemos que somos, por lo que hemos aprendido desde pequeños, por lo que en un momento de la vida nos autoimpusieron, pero, y si te dijese que esas creencias tan arraigadas se pueden cambiar y manifestar otra realidad, si te dijese que todo es una programación y que tú tienes la llave para programar y desprogramar todo lo que acontece en tu mente.

Cuando yo conecté con mi rendición interna empezaron a dejarme de doler las cosas que antes me dolían, empecé a manifestar todo aquello que realmente conectaba con mi esencia, con lo que verdaderamente me hacía sentir bien.

Todo esto es un proceso gradual que lleva su tiempo y con esta práctica sentirás en tu vida el gozo y el bienestar, verás que tú no eres una excepción y que la sanación interior es importante para el logro final.

Hay que ser muy constante en el cambio para manifestar, en el proceso de rendición también hay que serlo, por eso tenemos que vivir en ese sueño, es como vivir una vida aparte de la que estamos viviendo y te aseguro que no es nada fácil el camino, pero que llena de alegría atreverse a dar ese cambio de rumbo.

Abandonar las dependencias emocionales, de no sentirte valioso si a otra persona no le agrada lo que haces o dices, depender de otros no es ser libre. Tú ya eres valioso por el solo hecho de existir, tienes que actuar desde el ser único que eres, desde tu esencia.

No caigas en el victimismo, todo el que se comporta como víctima es realmente tratado por los demás como tal.

Cuando vives para ti y para crecer interiormente muchas sincronicidades van a aparecer en tu vida abriéndote el camino elegido, cuanto antes te rindas a la mente egoica de quererlo controlar todo, antes se te abrirán los caminos. El victimismo es la prueba de una baja autoestima.

Para mí la rendición me ha aportado grandes logros y satisfacciones. La primera vez que experimenté esta rendición (y la única hasta el día de hoy), fue cuando sentí esa energía nueva que me llenaba de paz, fue cuando tuve esa experiencia fuera de lo normal, que sentí como mi energía vital salía de dentro de mí y me pude observar durante 20 segundos muerto. Duró solo ese tiempo más o menos, y sentí una paz como nunca había experimentado, algo que no se puede explicar, pero que cambió radicalmente mi forma de comportarme, de sentir, de hacer y mis hábitos, todo cambió. Es ahí donde empecé con la rendición total de mi yo personal egoico y aún sigo trabajándome mucho, pues es fácil volver atrás cuando te olvidas de estar presente.

Gracias a practicar este estado de rendición interna hoy no lucho contra nadie, no soy víctima del entorno, sigo mis pasos tal cual conectan con mis valores y dejo de fijarme en el exterior.

La finalidad de esta vida desde mi punto de vista es ser felices y poder llegar a donde nosotros queramos, sin necesidad de luchar, competir, sino desde el amor puro que todos somos.

La vida es un cambio de rumbo continuo y constante, debemos ser parte de ese cambio como somos parte de la misma vida, así que si quieres que tus resultados de cambio sean satisfactorios es necesario tener en cuenta estos pasos esenciales, es muy importante conectar diariamente con tu ser esencial y vivir en armonía con ese sentimiento.

Busca algún momento del día para estar en soledad y poder conectar con tu yo real, con esa Fuente Divina que todos somos, poder disfrutar de lo que es bello para ti y dejar de pensar en qué opinarán los demás. Puedes construir tu mundo interno y empoderarte, ya que no hay fuerza más grande que la de creer en uno mismo, esa misma Fuente Divina creadora que está en todo y en todos los lados.

Es un estado de consciencia muy diferente al que nos han enseñado nuestros padres y antepasados familiares, rendirte interiormente, desapegarte de esas creencias autoimpuestas, es creer en el ser divino que eres y poder conectar con tu mundo interno.

Así que cuando yo digo que este es uno de los pasos esenciales que siempre debes tener presente, al igual que los demás, pero que en definitiva cuando queremos progresar en nuestra vida la mejor forma de hacerlo es practicando este punto de rendición.

Cada día que amanece doy las gracias a la Fuente Infinita (puedes llamarlo como quieras, Dios, Universo, Yo Superior), por un nuevo día, por todo lo que tengo, por estar vivo, el estar agradecido es también parte de la rendición interna ya que es lo contrario del ego adictivo.

Cuando llegas al punto en que los sucesos por muy escabrosos que sean no alteran tu estado de paz interna, ni los sucesos buenos tampoco te hacen apegarte y cambiar tu estado emocional, adquirimos la confianza de los demás en nosotros, para conseguir aquello que deseamos.

Hoy, día a día voy caminando por esta vida tal y como suceden las cosas, disfruto de lo que es y confío en que la vida sabe mucho más que nosotros y hasta este momento me ha sostenido hasta aquí. Confió en que todo es un plan perfecto para nuestra mayor evolución, sigo enfocado en mis proyectos, pues es lo que me volvió a dar vida cuando ya no tenía ninguna expectativa.

Cuando miro atrás en el tiempo es cuando veo el cambio y la evolución que he dado, es cuando veo que las personas que se acercaron con una intención disfrazada se apartaron cuando vieron que no consiguieron lo que querían realmente de mí.

Ves como los valores se van perdiendo, aun así todo es perfecto, nada me detiene en mi camino ya que cada persona pasa por un nivel de evolución distinto y se nos acercan las que realmente deben estar justo en el momento para nuestra mayor evolución. Es de vital importancia saber que todo es un plan de vida en constante movimiento y que el timón del barco es nuestro, si el rumbo ha ido mal por circunstancias, es hora de cambiarlo ya que todos tenemos ese timón dentro de nosotros, solo tenemos que encontrarlo, agarrarlo y decidir con valentía girarlo para que podamos dar el cambio deseado.

Todo cambio y rendición interna están en consonancia con las leyes universales, la ley universal que en estos momentos ha llegado a mi vida con más fuerza y la que más me está ayudando es la ley que casi todo el mundo tiene olvidada, es la ley de la polaridad, que dice, como es arriba es abajo, como es dentro es fuera, todo tiene un polo positivo y otro negativo dentro de la misma cosa, ejemplo: si estás en la escasez financiera, tienes la posibilidad de experimentar la riqueza, ya que estamos hablando de lo mismo pero en distinto grado.

Otro ejemplo para que se entienda mejor esta ley de polaridad, imagina un termómetro para medir la temperatura, si aumentas el calor la temperatura subirá, si lo metes en el hielo la temperatura bajará, estamos hablando que frío y calor son lo mismo en distinto grado.

Pues como eso, todo en la vida funciona así, es una ley universal, aunque no la creas o no quieras manifestarla es una ley y se va a cumplir, es como tirar un objeto desde un décimo piso al vacío y no querer que caiga al suelo, la ley de la gravedad se va a cumplir te guste a ti o no.

Pues así sucede con todo lo demás, yo he empezado a tenerla en cuenta hace poco y cuando me surge un inconveniente digo, esto es un problema y por tanto tiene solución y así es cuando tu mente empieza a trabajar en la solución y empieza a escalar para cambiar lo que no te gusta.

Espero haberme hecho entender en esto de las leyes universales que a mí tanto me aportan y me apasionan, pero de las que no he querido hacer más hincapié en este libro, solo he querido mencionar esta que tanta claridad aporta al que la entiende y la práctica.

Resumiendo, el capítulo de la rendición interior, lo que más quiero destacar es que la rendición es una decisión voluntaria y consciente, está basada en la acción y en la rendición del ego, en rendirse a la competencia, a la lucha continua, al apego, a la ira y a la crítica.

PASO 8

Capítulo 12

LA SATISFACCIÓN INTERNA

La única satisfacción es la interna, todo estado satisfactorio que se exprese que no sea interior, es un estado fingido. Muchas veces vemos a personas decir que están muy contentas de cara a la galería, pero por dentro se sienten amargadas e insatisfechas, es una máscara, es una tapadera, que esconde un estado insatisfactorio con uno mismo (no en todos los casos), pero sí en una gran parte de ellos.

Como ya sabéis todo cambio es de dentro hacía fuera, el estado de satisfacción también es así, y como se dice, la cara es el espejo del alma y en este caso viene como anillo al dedo, por mucho que quieras tapar un estado insatisfactorio interno con risas, con publicaciones en redes de que te lo estás pasando genial, hay un sexto sentido que no se ve, ni se puede enseñar, pero que se siente y eso es lo que hace que no se pueda engañar a nadie, ya que es lo que tu cara refleja aunque tú no te des cuenta.

La satisfacción interna en el cambio de rumbo de tu vida se refiere a esa emoción que sientes interiormente, cuando ves que estás haciendo lo que realmente amas, que no necesitas nada más que sentirte libre de permanecer en ese gozo constante, por muy mal que esté el mundo externo, por muchos desafíos por los que pasemos sociales y familiares, de limitaciones, cuando estás viviendo con un propósito vocacional, el mundo es diferente. Sientes un gozo interno permanente, aunque estés emprendiendo algo que amas y no te aporte de momento beneficios económicos, ni los resultados que pensabas, tú sigues adelante porque te encuentras satisfecho con lo que haces y eso es interior, no lo haces por satisfacer un resultado económico y personal egoico, lo haces desde el amor puro y verdadero, desde el gozo continúo, desde la rendición total y el fluir con tu pasión.

Gracias a esa satisfacción puedes continuar con tu crecimiento, con ese fluir constante en los cambios que haces y que ya forman parte de tu nueva forma de vivir, de enfocar tu vida y de tu nuevo estado de consciencia.

Cuántas veces he permanecido en un estado de consciencia opaco, sin ilusiones, sin expectativas, derrumbado y ese mismo abatimiento me sumergía cada vez más en un pozo profundo donde lo único que me mantenía, eran las ganas de consumir para salir de esa realidad que me estaba matando, de anestesiarme hasta caer, hasta llegar a perder la consciencia, hasta querer morirme, una y otra vez.

Pienso en cómo estaba y lo que sentía y el grado tan grande de insatisfacción interior y que lo disfrazaba ante los demás, para aparentar algo que no era verdad. Cuando la droga hacía sus primeros efectos eufóricos empezaba a delirar con dones de superioridad, ¡qué diferencia tan grande a lo que ahora es mi vida!, mi forma de sentir, de afrontar los problemas, de estar en paz interior y personalmente de mantener esa ilusión por vivir con esa chispa encendida, que me da sentido y hace que todo tenga un para qué y un por qué.

¡Qué diferencia! Y la pregunta es la de siempre, ¿qué tiene que suceder en una mente adictiva para que, de no querer estar en este plano de vida, pase a querer vivir intensamente y cada minuto como si fuese el último?, mi respuesta es muy clara, creer en ti y amarte a ti mismo.

Esa es la base de todo logro de toda transformación personal, de toda reinvención y de todo lo que realmente quieras para progresar en esta vida, ¿cómo lo mantienes en el tiempo?, muy fácil, viviendo con un propósito y con objetivos y haciendo de esto tu nuevo estilo de vida.

Todo esto es muy fácil de escribirlo, de hablarlo, de pensarlo, pero el gran inconveniente viene en la acción, cuando hay que ejecutarlo, nada de lo que hablo en este libro lo podría expresar, si antes no lo hubiese experimentado, esto es un relato de reinvención personal desde experiencias vividas y con resultados.

Así que todo lo expresado anteriormente de vivir con objetivos y vivir con propósito, parece obvio, pero es todo un reto, es un reto enorme, es vivir en crecimiento y reinvención continua, es amar lo que haces, para hacer lo que amas, en continuo aprendizaje, en continuo crecimiento y con una continua exposición a la incertidumbre, te haces amigo de ella sabiendo lo mucho que la gente la teme.

Mi satisfacción interna la sentí cuando me di cuenta de que esta sí que era una forma distinta de sentir, que esta vez no era un intento de dejar de consumir. Desde el principio me di cuenta de que esta vez esto que sentía era diferente, que lo que me iba a suceder no sabía lo que sería, pero sentí claramente que a partir de ahí el consumo se había terminado y con ello la adicción.

No conocía qué iba a suceder después, cómo iba a ser mi vida, pero sí sabía que no iba a recaer más, lo sentí muy dentro de mí y lo viví con mucha claridad. Desde ese momento sentí una gran tranquilidad y paz interna, como jamás había experimentado (a excepción del día en que trascendí mi cuerpo).

Mi vida no se basa en el grado de satisfacción que deseo sentir, y es porque por muy bien que me vaya todo, en mi nuevo estado de consciencia siempre me voy a sentir incómodo y de cierta manera un poco insatisfecho, para no caer en la relajación que me llevaría al estancamiento y este a la perdición total.

Como ya integré el dolor suficiente en mi inconsciente, automáticamente mí mente me lleva al polo opuesto, para no recordar la situación tan dolorosa. Esta transformación mental que he vivido es la que ha hecho que la pueda observar y darme cuenta de que lo que había leído en libros y escuchado en videos no era un cuento, era una verdad como un templo.

Así que la conclusión es que todo es perfecto, que la vida, la Fuente Infinita creadora sabe mucho más que nosotros, que obra con un hilar perfecto, que la mayoría de las veces no entendemos, pero todo sucede para nuestro mayor bien y para nuestro progreso como seres humanos.

Mi mayor ilusión en esta vida es poder ayudar al mayor número de personas en el mundo de las adicciones, que deje de ser un tabú, que, tras el empoderamiento, para las personas adictas sea un antes y un después, que la gente no tenga que ocultarse y oír decir que son una vergüenza. Nos lo impone la sociedad y después quiere excluirnos de algo donde ella misma nos ha metido.

¡Basta ya! empoderémonos y miremos por nosotros, ante todo, demostremos que ninguna adicción es necesaria en nuestra vida, que poseemos todos los recursos internos para salir adelante en cada situación de la vida, la vida no te va a poner algo que tú no seas capaz de superar.

Siéntete libre y haz lo que has venido a hacer en esta vida, no te quedes con tu música dentro, ya que el tiempo pasa muy deprisa y estamos aquí de paso, hazlo a pesar de que creas que es imposible hacerlo, hazlo por muchos impedimentos que te encuentres, hazlo y sigue aunque la vida te quiera hacer ver que estás equivocado, hazle ver a la vida que has entendido el mensaje, que no te revelas contra ella, pero que este juego no termina hasta que tú ganes.

Resumiendo, este capítulo, podemos decir que la satisfacción siempre proviene del interior, que lo único que te puede aportar esa satisfacción interna es tu propio progreso personal en tu propósito y ejecución de tus deseos más anhelados.

Es muy fácil decir que se debe vivir con objetivos para mantener esta satisfacción interna perdurable en el tiempo, pero que es muy difícil ejecutar las acciones necesarias para llevar esto acabo, que mi mayor grado de crecimiento es sentirme continuamente con un grado de insatisfacción, para poder empujarme a seguir creciendo y evolucionando para no caer en el estancamiento.

Todos y cada uno de estos pasos esenciales debemos integrarlos poco a poco en nuestra vida para que este cambio de rumbo tenga éxito y podamos llegar a ver materializados esos sueños deseados con satisfacción interna y que sean perdurables en el tiempo.

PASO 9

Capítulo 13

ABANDONANDO EL EGO

Abandonar el ego es hacer el ejercicio más grande hacia nuestra transformación personal ya que este es el que hace que no podamos crecer y dirigirnos hacia donde sentimos que nos corresponde por conexión interna.

En este capítulo te voy a hablar de cómo el EGO consigue paralizarnos en muchísimas ocasiones, haciéndonos creer en miedos que solo son reales en nuestra mente, dándoles cada vez más en energía.

El EGO es una parte de nuestra mente, en realidad nadie está libre del EGO, siempre hay una parte que nos hace dudar, de querer conseguir para tener más que…, para ser más que…, en definitiva, es algo que nos hace sentir insuficientes. El EGO nunca está satisfecho, siempre quiere más, se basa en los fallos, en la escasez.

En lo que a las adicciones se refiere, el EGO está mucho más potenciado, ya que es muy acaparador y no nos deja salir, es lo que yo llamo el EGO adictivo.

Lo primero que hay que mirar, es lo que en espiritualidad y en las leyes universales llamamos ley de causa y efecto, no es otra cosa que todas las acciones que hacemos tienen una repercusión, toda causa tiene un efecto.

El EGO cree en la separación, se apega a las personas, situaciones, cosas, resultados. Es muy crítico, critica sobre todas las cosas.

Realmente el EGO es un pensamiento fantasioso que hemos creado nosotros en nuestra mente, no es real.

Otra de las características del EGO, es la negación, la crítica. Para deshacernos de él lo mejor es no entrar a criticar a nadie, ya que cuando lo haces estás proyectando eso en ti, lo cual quiere decir que aquello que criticas vas a vivirlo tú más adelante y eso no falla.

Al EGO no le gusta reconocer los fallos, siempre busca un culpable fuera, es el que siempre quiere llevar la razón.

Como he dicho antes su fundamento principal está basado en el miedo y para combatir el EGO lo mejor que podemos hacer es lo contrario a él, que no es otra cosa que vivir en el amor.

Las tres causas principales del EGO son:

1- APEGOS

2- RESISTENCIA A LO QUE ES

3- DESEAR MÁS

Una de las técnicas que se utilizan mucho en Coaching para liberarnos del sufrimiento, es el Reencuadre, que quiere decir reinterpretar cuando estamos en el sufrimiento, reinterpretar la situación y darle la vuelta.

El EGO es lo que nos limita, es lo contrario de nuestro potencial, de lo que realmente somos.

Es el falso yo, es una identidad que nosotros mismos creamos, pero es falsa, a esta identidad que creamos, le encanta la culpa, sin ella no puede vivir, le encanta culparse y culpar a los demás.

Resumiendo, el capítulo dedicado al EGO, que, aunque no le he dado la máxima importancia, sí que he considerado interesante mencionarlo ya que en todas las adicciones y atascos emocionales está presente el EGO, que cuando conseguimos deshacernos de él, es cuando podemos empezar a dar ese cambio de rumbo tan necesario en todo crecimiento personal y espiritual, y en las adicciones para no ser la persona domada y sometida a la cual nos tenía acostumbrada nuestra mente.

Para concluir decir que el EGO realmente no existe, es una idea creada, la finalidad es el miedo y quitarte la paz interior.

La finalidad en este capítulo es aprender a reconocer al EGO, para poder deshacerlo, para poder experimentar esa paz interior en ese cambio de consciencia que vamos a realizar. Es de vital importancia saber todas estas funciones que todos hemos vivido y que se nos inculcan desde pequeños por todos los lados, colegios, familias y sociedad.

En definitiva, el EGO o falso yo, siempre te intentará sabotear para que no avances, para destruir tus sueños e ilusiones, para satisfacer sus deseos de quedarse en lo conocido, en la supervivencia, en la mentira y en la ilusión errónea.

PASO 1O

Capítulo 14

INTEGRANDO EL CAMBIO

En este capítulo veremos el paso esencial de la integración del cambio en nuestras vidas Esta integración es paulatina y es esencial para confirmar ese cambio definitivo, es como una gran meseta antes de hacer un nuevo yo de la vieja persona que éramos.

Muchas personas se quedan ahí y es una verdadera pena, ya que están a tres metros del oro y tiran la pala, cuando si supiesen que volver atrás es mucho más complejo que seguir adelante y que con un paso más ya tendrían sus sueños hechos realidad.

Para esta integración es esencial la perseverancia de la que hablábamos anteriormente, son muchos los obstáculos que nos pueden suceder en esta última etapa, ya que nuestra mente inconsciente siempre nos va a poner en escena situaciones complejas para que abandonemos, su misión es esa, quedarse donde está, lo conocido, la supervivencia, lo desconocido es la muerte del **EGO** y de la mente que siempre quiere quedarse ahí.

Es esencial tener esto aprendido y preparado para cuando llegue. Hay que estar preparado para todo, como dije en algún capítulo anterior, cuando digo para todo, es para todo ya que la vida en su Infinita sabiduría nos va a poner muchas veces en situaciones muy complejas, tan complejas que muchas veces no sabremos ni quién somos ni porqué nos está sucediendo eso a nosotros.

Se puede manifestar de mil formas, con quiebra económica, con la muerte de alguien querido, con un divorcio...etc., pero debemos seguir pese a toda esa incertidumbre ya que como bien he dicho antes la mente saboteadora adictiva sabe mucho más que nosotros y conoce muy bien nuestras debilidades y cuando está a punto de desaparecer es cuando más va a atacar donde más nos duele. Nos hará pensar en cosas para que caigamos en el error y créeme que lo vamos a ver tan real que dudaremos de nosotros mismos porque es muy astuta, tanto que muchas personas ceden como bien he dicho antes, cuando ya estaban casi en la orilla para llegar a su meta.

La integración del cambio es permanente, lo que sucede es que existe un tiempo de demora, cuando ya estás a punto para conseguir eso que tanto esfuerzo nos ha costado conseguir, en dicha integración debemos aprender a sentir el dolor y no huir de él, aprender a sacar fuerzas de flaqueza, a tener la mayor fe del mundo, ya que habrá momentos muy duros.

Superando dicha integración entraremos en un nuevo estado de consciencia, que es el gozo absoluto y la plenitud. Los problemas seguirán sucediendo a lo largo de la vida, no quiere decir que ya no nos van a suceder más, pero la forma de afrontarlos será muy diferente.

En esta etapa de integración en mi vida y en lo que a mí respecta, tuve que aprender a vivir sin el cariño de una madre y un padre, tuve que aceptar que mi esposa se apegara en un momento determinado a nuestros hijos, dejándome en un segundo o tercer plano sin darse cuenta.

El mismo ritmo de la vida, el cambio duro de una profesión de toda la vida, para hacer la reinvención que a día de hoy todavía estoy haciendo y que tanto me está costando con 44 años y tres hijos, soportar una de las peores pandemias mundiales que se hayan conocido a lo largo de la historia, *"La Pandemia del Coronavirus"* que está dejando miles de muertos por todos los países del mundo y centrándose en su mayor expansión en Europa, España e Italia como las peor paradas junto con Estados Unidos, con la repercusión económica que eso supone, con el país en quiebra y yo con pleno lanzamiento de mi proyecto en apenas un año y sin aún poder haber despegado de mi antiguo empleo, (por eso la vida no me despegaba de lo antiguo).

Por eso digo yo que la vida sabe más que nosotros, aun así, he seguido teniendo problemas en la vida, incluso mayores que antes, pero no lucho contra ellos, ya que el conocimiento que tengo hoy no es el que tenía antes, la vida es así y la vida continuará a pesar de todo.

 Esta y muchas situaciones más estoy soportando hoy en día. A pesar de ello te escribo estas palabras querido lector, para que sepas que yo no hablo de oídas, sino que lo que te cuento aquí a ti, es todo lo que yo ya he vivido y estoy experimentando.

Esta es la integración mía personal del cambio de rumbo que está haciendo mi vida y que seguirá haciendo, pues yo ya he elegido este nuevo estado como algo natural, que es cambio constante, no hay nada seguro y permanente como nos quieren hacer entender las sociedades con su protección.

El estado de la naturaleza es cambio constante y nosotros como bien sabéis somos parte de esa naturaleza.

El resumen sobre la integración del cambio es que a pesar de las dificultades debes aprender a seguir adelante, ya que es en la superación de estas dificultades donde está el éxito esperándote.

PASO 10

Capítulo 15

MI NUEVO YO

Nos encontramos en este último capítulo del libro, me parece mentira hoy en día poder haber llegado hasta aquí, como habréis leído en el capítulo anterior, he tenido que dejar mucho tiempo de escribir. Este libro me ha costado mucho, infinitos impedimentos de mi mente, que no me dejaba avanzar, muchos traspiés en la vida, muchos sucesos de todo tipo para que abandonase, pero en lo más profundo de mi alma y corazón, siempre ha permanecido vivo el convencimiento de que tenía que hacerlo.

A pesar de todos los impedimentos, de toda la crisis actual, he seguido adelante con mi compromiso y con el vuestro, demostraros que es posible y desde aquí te animo a que continúes con ese cambio, ya que es posible para ti, para mí y para todos.

Este es el nuevo yo que nace ahora, que nace en estos momentos tan difíciles, pero no es el momento externo lo que hace o no posible el cambio, puede estar derrumbándose el mundo y tú puedes hacer ese cambio, ya que es un compromiso interno contigo mismo y eso es más poderoso que todo lo que pueda suceder externamente.

Un nuevo yo, donde conocerás cosas de ti que ni imaginabas que podías superar, un nuevo yo que no sabías que tenías y que estaba dentro de ti y que ha sido necesario vivir toda la experiencia de tu vieja persona, para llegar hasta dónde estás hoy.

El nuevo yo, significa vivir sin miedos, vivir plenamente el presente, hacer esos cambios de hábitos de los que tanto hemos hablado, aceptar lo que es, por muy doloroso que sea, sentir el dolor para aprender a trascenderlo.

Así nace un nuevo yo de mi vieja persona, donde los errores del pasado deben servir para mirar el aprendizaje que encerraban.

Cada día es una oportunidad de aprender y vivir al máximo. El solo hecho de levantarme sea motivo de agradecimiento, por la oportunidad de estar vivo, por poder respirar y poder compartir con tus seres queridos, por incorporar ese agradecimiento en mi vida que tanto tenía olvidado, por eso y por mucho más, gracias, gracias, gracias a la vida, a la Fuente Infinita creadora, que a pesar de estar a punto de marchar de este plano me ha querido seguir manteniendo con vida.

He tenido que quitarme las máscaras, y ahora me está permitiendo haceros llegar este bendito mensaje a todo aquel que le está por destino leerlo.

Pido que en mis peores momentos tenga la capacidad de resurgir, que este nuevo estado de consciencia pueda llevarlo a cualquier rincón del mundo, para con él, poder ayudar al máximo número de personas posibles.

Que este nuevo yo que está en mí y que también está en ti, nos haga confiar en este Universo lleno de posibilidades, nos haga ver la naturaleza tal como es, en su máxima belleza y poder apreciarla, poder apreciar cada momento como único, poder apreciar los silencios, que me haga comprender a mí y espero que también a ti querido lector, lo importante del rendirnos a lo que es, aceptando todo tal cual, sin críticas ni resistencias.

Que mi nuevo yo sirva para cumplir con su propósito de vida, que tenga un significado cuando me levanto por la mañana.

Que en este nuevo yo pueda agradecer la energía y las ganas de vivir, independientemente de cuando te haya llegado a ti el momento de ese cambio de rumbo, ya que a cada cual nos llega en un momento diferente de la vida.

Que me ofrezca esa serenidad para aceptar las cosas que no puedo cambiar, para que me de ese valor de cambiar lo que esté en mí poder hacerlo y sabiduría para distinguir la diferencia.

Que este nuevo YO tenga la claridad necesaria para poder interpretar las cosas en su beneficio y no caer en críticas y competencias, que pueda ayudar a muchas personas desde la humildad y la compresión.

El nuevo YO que nace es para quedarse, ese cambio de rumbo realizado y expresado en este libro es para tu comprensión y por si te sientes identificado en esta experiencia de vida, espero haberte aportado claridad y la esperanza de un nuevo renacer, que no a todo el mundo le llega y que al que le llegue, espero que lo aproveche.

Decirte amigo lector que ha sido una experiencia extraordinaria en este mi primer libro compartir todas estas vivencias contigo. He llorado en algunas ocasiones, he recordado cosas que ya no tenía presentes, también he vivido la experiencia mientras escribía en algunos tramos y capítulos de que no era yo el que escribía, que ha habido momentos en que la forma de teclear y de escribir eran irreconocibles para mí, quería parar y no podía. Notaba como una fuerza superior me estuviera guiando, no es ninguna fantasía, es mi sentir real y es la primera vez que he experimentado algo así en lo que a escritura se refiere, por eso siempre he insistido en que hay algo superior que en momentos muy malos siempre nos protege, ¿no has sentido también eso tú alguna vez?, seguro que sí.

Sé que todo el que llegue a leer este libro no habrá sido por casualidad ya que sabes que eso no existe y que si realmente lo tienes y lo has leído es porque ese cambio que viene a tu vida está destinado para ti y es exactamente esto lo que te tocaba leer.

Espero que desde mi más humilde propuesta no quedarme con mi música dentro y que te haya servido, inspirado y que te haga reflexionar. Que lo mejor siempre está por llegar, que no podemos controlar nada en la vida, que lo que nos sucede es para un mayor aprendizaje y que por muy doloroso que sea y no comprendamos en ese momento por qué nos tiene que suceder eso a nosotros, te relajes y pienses siempre en esos momentos tan difíciles, y digas en tu interior:

"Gracias vida porque tú en tu infinita sabiduría sabes mucho más que nosotros".

Me despido de ti querido lector deseándote lo mejor de lo mejor y esperando que algún día nos conozcamos en alguna visita a tu ciudad, en alguna conferencia o en algún otro sitio.

Espero que te acerques y me cuentes, estaré encantado de saludarte y darte un abrazo.

Cambia de rumbo y sé la persona que siempre tuviste que ser.

"No hago nada, pero no dejo nada sin hacer".

- Lao-Tse

Si quieres saber más sobre mí puedes encontrarme en mis
principales redes sociales.

Si quieres saber más sobre mi trabajo, sobre mí o sobre cómo puedo ayudarte, puedes visitar mi página web y descargarte los recursos gratuitos que tengo para ti.

www.alejandrorodriguezdiaz.com

info@alejandrorodriguezdiaz.com

Gracias por haber llegado hasta aquí. Es un placer haber compartido contigo estos pasos esenciales.

www.ingramcontent.com/pod-product-compliance
Lightning Source LLC
LaVergne TN
LVHW091500170726
843492LV00001B/272